KB033411

일빵빵
기초 클리어
중국어
문법&회화

일빵빵
기초 클리어 중국어 문법&회화

초판 제1쇄 2018년 1월 20일
초판 제2쇄 2018년 1월 26일

저 자 | 일빵빵어학연구소
감 수 | 윤애경
펴 낸 곳 | 토마토출판사
표 지 | 함은혜
본 문 | 윤연경
주 소 | 경기도 파주시 파주출판단지 문발동 513-7 2층
T E L | 1544-5383
홈페이지 | www.tomato2u.co.kr
등 록 | 2012. 1. 1.

일빵빵

기초클리어
중국어

문법&회화

토마토
출판사

공부하기
전에

일빵빵 기초 클리어 중국어 문법&회화는

중국어의 핵심 기본 문법과

현지에서 쓰는 꼭 필요한 생활 회화 표현들을

기초 단계 학습자들도 쉽게 공부할 수 있도록 구성되어 있습니다.

이런 분들에게 추천합니다

어렵고 멀게만 느껴지는 '문법'을 간단하게 공부하고 싶은 분

기본 발음 연습, 단어 공부 후 중급 단계로 넘어가고 싶은 분

중국어 문법을 기초부터 탄탄하게 다지고 싶은 분

현지에서 바로바로 써먹을 수 있는 표현들을 익히고 싶은 분

이제 **일빵빵 기초 클리어 중국어 문법&회화**와 함께

기초 중국어를 완전정복해 보세요!

선생님의 강의와 원어민의 음성 녹음을 함께 들으면

더 쉽고 재미있게 공부하실 수 있습니다.

일빵빵 기초 클리어 중국어 문법&회화의 모든 강의는

스마트폰 앱 'Let's 일빵빵'에서 들으실 수 있습니다.

플레이스토어나 앱스토어에서
'일빵빵' 검색!

문법

일빵빵 왕초보 중국어 복습하기

〈일빵빵 왕초보 중국어〉에서 배웠던 중국어 문장 구조와 기초 단어들을 복습해 봅시다.

중국어 기본 문장 구조 (1)

나는 ~이다	我 + 是 + ▢
	Wǒ shì
	我是学生。
	Wǒ shì xuésheng. 나는 학생이다.

나는 ~를 ~한다	我 + 동사 + ▢
	Wǒ
	我听音乐。
	Wǒ tīng yīnyuè. 나는 음악을 듣는다.

나는 ~하지 않는다	我 + 不 + 동사
	Wǒ bù
	我不听。
	Wǒ bù tīng. 나는 듣지 않는다.

너는 ~하니?	你 + 동사 + 吗?
	Nǐ ma
	你听吗?
	Nǐ tīng ma? 너는 듣니?

| 나는 ~가 있다 | **我 + 有 +**
 Wǒ　yǒu

 我有姐姐。
 Wǒ yǒu jiějie.　나는 언니(누나)가 있다. |

| 나는 ~가 없다 | **我 + 没有 +**
 Wǒ　méiyǒu

 我没有姐姐。
 Wǒ méiyǒu jiějie.　나는 언니(누나)가 없다. |

| 나는 ~했다 | **我 + 동사 + 了**
 Wǒ　　　　le

 我听了。
 Wǒ tīng le.　나는 들었다. |

| 나는 ~한 적이 있다 | **我 + 동사 + 过**
 Wǒ　　　　guo

 我听过。
 Wǒ tīngguo.　나는 들은 적이 있다. |

| 나는 ~하고 있다 | **我 + 在 + 동사**
 Wǒ　zài

 我在听。
 Wǒ zài tīng.　나는 듣고 있다. |

중국어 기본 문장 구조 (2)

~는 누구니?

□ + **是** + **谁?**
shì   shéi

他是谁?
Tā shì shéi? 그는 누구니?

~가 뭐예요?

□ + **是** + **什么?**
shì   shénme

这是什么?
Zhè shì shénme? 이게 뭐예요?

너는 언제 ~하니?

你 + 什么时候 + 동사 ?
Nǐ   shénmeshíhou

你什么时候去中国?
Nǐ shénmeshíhou qù Zhōngguó? 너는 언제 중국에 가니?

너는 어디 가니?

你 + 去 + 哪儿?
Nǐ   qù   nǎr

너는 어디 있니?

你 + 在 + 哪儿?
Nǐ   zài   nǎr

너는 어디에서 ~하니?	你 + 在哪儿 + 동사 ? Nǐ zài nǎr 你在哪儿学习? Nǐ zài nǎr xuéxí? 너는 어디에서 공부하니?
나는 ~하다 (형용사)	我 + 很 + 형용사 Wǒ hěn 我很高兴。 Wǒ hěn gāoxìng. 나는 기쁘다.
나는 ~하지 않다 (형용사)	我 + 不 + 형용사 Wǒ bù 我不高兴。 Wǒ bù gāoxìng. 나는 기쁘지 않다.

중국어 기초 단어

숫자 표현

一	yī	숫자 1	八	bā	숫자 8
二	èr	숫자 2	九	jiǔ	숫자 9
三	sān	숫자 3	十	shí	숫자 10
四	sì	숫자 4	一百	yì bǎi	숫자 100
五	wǔ	숫자 5	一千	yì qiān	숫자 1,000
六	liù	숫자 6	一万	yí wàn	숫자 10,000
七	qī	숫자 7	零	líng	숫자 0

가리키는 말

我	wǒ	나, 저	你们	nǐmen	너희
你	nǐ	너, 당신	他们	tāmen	그들
他	tā	그	她们	tāmen	그녀들
她	tā	그녀	这	zhè	이(것)
我们	wǒmen	우리	那	nà	그(것), 저(것)

자주 쓰는 동사

是	shì	~이다
去	qù	가다
来	lái	오다
在	zài	~에 있다
做	zuò	하다

看	kàn	보다
听	tīng	듣다
有	yǒu	~가 있다
吃	chī	먹다
喝	hē	마시다

자주 쓰는 형용사

长	cháng	길다
短	duǎn	짧다
大	dà	크다
小	xiǎo	작다
高兴	gāoxìng	기쁘다

多	duō	많다
少	shǎo	적다
贵	guì	비싸다
便宜	piányi	싸다
好	hǎo	좋다

문법

일빵빵 기초 클리어 중국어

완료형, 경험형

〈일빵빵 왕초보 중국어〉에서 배웠던 중국어의 완료형, 경험형에 대해 다시 한번 복습해 보겠습니다.

단어 체크

我 wǒ 나, 저	门 mén 문
吃 chī 먹다	喝 hē 마시다
饭 fàn 밥	普洱茶 pǔ'ěrchá 보이차
了 le ~했다	过 guo ~한 적이 있다
两 liǎng 둘(2)	看 kàn 보다
个 ge (양사) 개	那 nà 그(것), 저(것)
面包 miànbāo 빵	部 bù (서적이나 영화 등을 세는 양사) 부, 편
昨天 zuótiān 어제	电影 diànyǐng 영화
他们 tāmen 그들	妹妹 mèimei 여동생
来 lái 오다	去 qù 가다
中国 Zhōngguó 중국	英国 Yīngguó 영국
她 tā 그녀	学 xué 배우다
坐 zuò 타다, 앉다	法语 Fǎyǔ 프랑스어
公共汽车 gōnggòngqìchē 버스	听 tīng 듣다
写 xiě (글씨를) 쓰다	的 de ~의
封 fēng (편지를 세는 양사) 통, 꾸러미	歌 gē 노래
信 xìn 편지	韩国 Hánguó 한국
他 tā 그	没有 méiyǒu ~하지 않았다, ~가 없다
关 guān 닫다	

완료형

중국어에서 과거의 행동을 나타내는 문장은 시간적으로 과거에 있었던 일이라기보다, 그 행동을 '마쳤다'는 것을 표현하는 데에 중점이 있습니다. 이러한 중국어의 동작 완료 문장에서는 동사 뒤에 '了(le)'를 붙입니다.

> ### 주어 + 동사 + 了 (완료형)

我吃饭。
Wǒ chī fàn.
나는 밥을 먹는다.

▶

我吃了饭。
Wǒ chī le fàn.
나는 밥을 먹었다.

| 문장 연습 |

▪ 我吃了两个面包。
Wǒ chī le liǎng ge miànbāo.
나는 빵 두 개를 먹었다.

▪ 我写了一封信。
Wǒ xiě le yì fēng xìn.
나는 편지 한 통을 썼다.

▪ 昨天他们来了中国。
Zuótiān tāmen lái le Zhōngguó.
어제 그들은 중국에 왔다.

▪ 他关了门。
Tā guān le mén.
그는 문을 닫았다.

▪ 她坐了公共汽车。
Tā zuò le gōnggòngqìchē.
그녀는 버스를 탔다.

경험형

중국어에서 동작의 경험형은 동사 뒤에 '过(guo)'를 붙여 '(전에) ~한 적이 있다'라는 뜻을 나타냅니다.

주어 + 동사 + 过 (경험형)

我喝普洱茶。
Wǒ hē pǔ'ěrchá.
나는 보이차를 마신다.

▶

我喝过普洱茶。
Wǒ hēguo pǔ'ěrchá.
나는 보이차를 마신 적이 있다.

我看过那部电影。
Wǒ kànguo nà bù diànyǐng.
나는 그 영화를 본 적이 있다.

我听过她的歌。
Wǒ tīngguo tā de gē.
나는 그녀의 노래를 들은 적이 있다.

我妹妹去过英国。
Wǒ mèimei qùguo Yīngguó.
내 여동생은 영국에 간 적이 있다.

他来过韩国。
Tā láiguo Hánguó.
그는 한국에 온 적이 있다.

他学过法语。
Tā xuéguo Fǎyǔ.
그는 프랑스어를 배운 적이 있다.

단어플러스+

韩国 Hánguó 한국 中国 Zhōngguó 중국 日本 Rìběn 일본 美国 Měiguó 미국

英国 Yīngguó 영국 法国 Fǎguó 프랑스 德国 Déguó 독일

加拿大 Jiānádà 캐나다 俄罗斯 Éluósī 러시아

완료형과 경험형의 부정

완료형과 경험형의 부정문을 만들 때에는 동사 앞에 '没(méi)' 또는 '没有(méiyǒu)'를 붙입니다. 이때 완료형 문장의 '了(le)'가 사라지는 것에 주의해야 합니다.

> 주어 + 没(有) + 동사 (완료형)

> 주어 + 没(有) + 동사 + 过 (경험형)

我没吃面包。
Wǒ méi chī miànbāo.
나는 빵을 먹지 않았다.

昨天他们没来中国。
Zuótiān tāmen méi lái Zhōngguó.
어제 그들은 중국에 오지 않았다.

她没坐公共汽车。
Tā méi zuò gōnggòngqìchē.
그녀는 버스를 타지 않았다.

我没写信。
Wǒ méi xiě xìn.
나는 편지를 쓰지 않았다.

他没关门。
Tā méi guān mén.
그는 문을 닫지 않았다.

我没看过那部电影。
Wǒ méi kànguo nà bù diànyǐng.
나는 그 영화를 본 적이 없다.

我妹妹没去过英国。
Wǒ mèimei méi qùguo Yīngguó.
내 여동생은 영국에 간 적이 없다.

他没学过法语。
Tā méi xuéguo Fǎyǔ.
그는 프랑스어를 배운 적이 없다.

我没听过她的歌。
Wǒ méi tīngguo tā de gē.
나는 그녀의 노래를 들은 적이 없다.

他没来过韩国。
Tā méi láiguo Hánguó.
그는 한국에 온 적이 없다.

연습문제 1

한자를 따라 써 보고, 빈칸에 들어갈 병음이나 뜻을 채워 봅시다.

两　liǎng
1 _____

坐　zuò
2 _____

封　3 _____
통, 꾸러미

信　xìn
4 _____

关　5 _____
닫다

门　6 _____
문

过　guo
7 _____

那　nà
8 _____

部　bù
9 _____

的　de
10 _____

歌　11 _____
노래

昨天　12 _____
어제

公共汽车　13 _____
버스

---

1 둘(2)　　　　　　2 타다, 앉다　　　　3 fēng
4 편지　　　　　　　5 guān　　　　　　　6 mén
7 ~한 적이 있다　　8 그(것), 저(것)　　9 부, 편
10 ~의　　　　　　 11 gē　　　　　　　 12 zuótiān
13 gōnggòngqìchē

연습문제 2

뜻을 보고 알맞은 문장과 병음을 써 봅시다.

1 나는 빵 두 개를 먹었다.

문장 쓰기

병음 쓰기

2 어제 그들은 중국에 왔다.

3 그녀는 버스를 탔다.

4 나는 편지 한 통을 썼다.

---

1 我吃了两个面包。 Wǒ chī le liǎng ge miànbāo.

2 昨天他们来了中国。 Zuótiān tāmen lái le Zhōngguó.

3 她坐了公共汽车。 Tā zuò le gōnggòngqìchē.

4 我写了一封信。 Wǒ xiě le yì fēng xìn.

5 나는 그 영화를 본 적이 있다.

문장
쓰기

병음
쓰기

6 내 여동생은 영국에 간 적이 있다.

7 그는 프랑스어를 배운 적이 있다.

8 나는 그녀의 노래를 들은 적이 있다.

---

5 我看过那部电影。 Wǒ kànguo nà bù diànyǐng.

6 我妹妹去过英国。 Wǒ mèimei qùguo Yīngguó.

7 他学过法语。 Tā xuéguo Fǎyǔ.

8 我听过她的歌。 Wǒ tīngguo tā de gē.

9 나는 편지를 쓰지 않았다.

문장
쓰기

병음
쓰기

10 그는 문을 닫지 않았다.

11 나는 그 영화를 본 적이 없다.

12 그는 한국에 온 적이 없다.

9 我没写信。 Wǒ méi xiě xìn.

10 他没关门。 Tā méi guān mén.

11 我没看过那部电影。 Wǒ méi kànguo nà bù diànyǐng.

12 他没来过韩国。 Tā méi láiguo Hánguó.

02강 진행형

〈일빵빵 왕초보 중국어〉에서 중국어의 진행형 문장을 배워 보았습니다. 여기서는 진행형 문장 만들기를 자세하게 배워 보고, 여러 가지 응용 문장을 공부해 봅시다.

단어 체크

正在 zhèngzài (지금) ~하고 있다

正 zhèng ~하고 있다

在 zài ~하고 있다

呢 ne 동작 지속을 나타내는 조사

书 shū 책

音乐 yīnyuè 음악

中文书 Zhōngwén shū 중국어로 된 책

哥哥 gēge 형, 오빠

汉语 Hànyǔ 중국어

课 kè 수업

晚饭 wǎnfàn 저녁밥

做 zuò 하다

工作 gōngzuò 일, 일하다

你 nǐ 너, 당신

运动 yùndòng 운동

吗 ma 의문을 나타내는 조사

什么 shénme 무슨

电视 diànshì 텔레비전

报纸 bàozhǐ 신문

学习 xuéxí 공부하다

英语 Yīngyǔ 영어

打 dǎ 운동하다, 때리다

乒乓球 pīngpāngqiú 탁구

진행형

중국어에서 진행형 문장을 만들 때는 동사 앞에 '正在(zhèngzài)' 또는 '正(zhèng)', '在(zài)'를 넣거나 문장 맨 뒤에 '呢(ne)'를 부가합니다. '正在', '正', '在'는 '呢'와 함께 올 수 있습니다.

주어 + 正在 + 동사 + 呢 (진행형)

我在看书。
Wǒ zài kàn shū. 나는 책을 보고 있다.

= **我正看书。**
Wǒ zhèng kàn shū.

= **我正在看书。**
Wǒ zhèngzài kàn shū.

= **我看书呢。**
Wǒ kàn shū ne.

= **我正在看书呢。**
Wǒ zhèngzài kàn shū ne.

부정 의미를 나타낼 때에는 '(正)在'를 빼고 동사 앞에 '没(有)(méiyǒu)'를 넣습니다.

주어 + 没(有) + 동사 (진행형 부정)

我没看书。
Wǒ méi kàn shū.
나는 책을 보고 있지 않다.

我没看书，我在听音乐。
Wǒ méi kàn shū, wǒ zài tīng yīnyuè.
나는 책을 보고 있지 않고, 음악을 듣고 있다.

| 문장 연습 |

他正在看中文书。
Tā zhèngzài kàn Zhōngwén shū.
그는 한창 중국어로 된 책을 보고 있다.

我哥哥正在听音乐。
Wǒ gēge zhèngzài tīng yīnyuè.
나의 형은 음악을 듣고 있다.

我在听汉语课呢。
Wǒ zài tīng Hànyǔ kè ne.
나는 중국어 수업을 듣고 있다.

我在吃晚饭呢。
Wǒ zài chī wǎnfàn ne.
나는 저녁밥을 먹고 있다.

他们在做工作呢。
Tāmen zài zuò gōngzuò ne.
그들은 일을 하고 있다.

■ 你正在做运动吗?

Nǐ zhèngzài zuò yùndòng ma?

너는 운동을 하고 있니?

■ 你在看什么书呢?

Nǐ zài kàn shénme shū ne?

너는 무슨 책을 보고 있니?

■ 你正在看电视吗?

Nǐ zhèngzài kàn diànshì ma?

너는 텔레비전을 보고 있니?

■ 我没看电视, 我正在看报纸。

Wǒ méi kàn diànshì, wǒ zhèngzài kàn bàozhǐ.

나는 텔레비전을 보지 않고 신문을 보고 있다.

■ 他没学习英语, 他在打乒乓球。

Tā méi xuéxí Yīngyǔ, tā zài dǎ pīngpāngqiú.

그는 영어를 공부하지 않고 탁구를 치고 있다.

단어플러스+

足球 zúqiú 축구 篮球 lánqiú 농구 棒球 bàngqiú 야구 乒乓球 pīngpāngqiú 탁구

网球 wǎngqiú 테니스 排球 páiqiú 배구 高尔夫球 gāo'ěrfūqiú 골프

연습문제 1

한자를 따라 써 보고, 빈칸에 들어갈 병음이나 뜻을 채워 봅시다.

课	kè 1		做	2 하다
打	dǎ 3		正在	zhèngzài 4
音乐	5 음악		晚饭	6 저녁밥
工作	gōngzuò 7		运动	yùndòng 8
什么	shénme 9		电视	10 텔레비전
报纸	11 신문		学习	12 공부하다
乒乓球	pīngpāngqiú 13			

---

1 수업　　　　2 zuò　　　　3 운동하다, 때리다
4 (지금) ~하고 있다　　5 yīnyuè　　6 wǎnfàn
7 일, 일하다　　8 운동　　9 무슨
10 diànshì　　11 bàozhǐ　　12 xuéxí
13 탁구

연습문제 2

뜻을 보고 알맞은 문장과 병음을 써 봅시다.

1 그는 한창 중국어로 된 책을 보고 있다. (正在)

문장
쓰기

병음
쓰기

2 나는 저녁밥을 먹고 있다. (在, 呢)

3 너는 무슨 책을 보고 있니? (在, 呢)

4 나는 텔레비전을 보지 않고 신문을 보고 있다. (正在)

---

1 他正在看中文书。 Tā zhèngzài kàn Zhōngwén shū.

2 我在吃晚饭呢。 Wǒ zài chī wǎnfàn ne.

3 你在看什么书呢? Nǐ zài kàn shénme shū ne?

4 我没看电视，我正在看报纸。 Wǒ méi kàn diànshì, wǒ zhèngzài kàn bàozhǐ.

03강 의문문

중국어의 여러 가지 의문사를 활용하여 의문문을 만드는 법을 공부해 봅시다.

단어 체크

不 bù ~하지 않다	小时 xiǎoshí 시간(단위)
今天 jīntiān 오늘	怎么 zěnme 어떻게, 왜
冷 lěng 춥다	知道 zhīdào 알다
是 shì ~이다	这 zhè 이(것)
学生 xuésheng 학생	件 jiàn (옷을 세는 양사) 벌
在 zài ~에 있다	衣服 yīfu 옷
家 jiā 집	穿 chuān 입다
有 yǒu 있다	字 zì 글자
孩子 háizi 아이, 자녀	念 niàn (소리 내어) 읽다
忙 máng 바쁘다	办 bàn 처리하다, 하다
几 jǐ 몇	打扫 dǎsǎo 청소하다
月 yuè 월(날짜)	房间 fángjiān 방
号 hào 일(날짜)	早饭 zǎofàn 아침밥
现在 xiànzài 지금	还 hái 아직
点 diǎn 시(시간)	怎么样 zěnmeyàng 어떠하다
岁 suì 세(나이)	身体 shēntǐ 신체, 몸
人 rén 사람	天气 tiānqì 날씨
口 kǒu (사람을 세는 양사) 명, 사람	最近 zuìjìn 요즘, 최근
一天 yìtiān 하루	画儿 huàr 그림

30

菜 cài 요리, 음식

小说 xiǎoshuō 소설

味道 wèidao 맛

性格 xìnggé 성격

本 běn (책을 세는 양사) 권

| 문장 연습 |

정반의문문

동사나 형용사의 긍정형과 부정형을 연이어 써서 만드는 의문문을 '정반의문문'이라고 합니다. 정반의문문은 긍정 표현과 부정 표현을 써서 '~하는지 안하는지'를 묻는 표현입니다.

你吃吗? = 你吃不吃?
Nǐ chī ma? Nǐ chī bu chī?
너 먹니? (먹니, 안 먹니?)

今天冷吗? = 今天冷不冷?
Jīntiān lěng ma? Jīntiān lěng bu lěng?
오늘 춥니? (춥니, 안 춥니?)

你来不来韩国?
Nǐ lái bu lái Hánguó?
너는 한국에 오니?

她有没有孩子?
Tā yǒu méiyǒu háizi?
그녀는 아이가 있니?

他是不是学生?
Tā shì bu shì xuésheng?
그는 학생이니?

你忙不忙?
Nǐ máng bu máng?
너는 바쁘니?

你在不在家?
Nǐ zài bu zài jiā?
너는 집에 있니?

几 jǐ 몇 (10 이하 또는 예측 가능한 범위 내의 수를 물을 때 사용)

几月几号?
Jǐ yuè jǐ hào?
몇 월 며칠이에요?

现在几点?
Xiànzài jǐ diǎn?
지금 몇 시예요?

几岁?
Jǐ suì?
(어린아이들에게) 몇 살이니?

几个人?
Jǐ ge rén?
몇 명이에요?

你家有几口人?
Nǐ jiā yǒu jǐ kǒu rén?
너희 가족은 몇 명이니?

你一天学习几个小时?
Nǐ yìtiān xuéxí jǐ ge xiǎoshí?
너는 하루에 몇 시간 공부하니?

怎么 + 做?
zěnme + zuò?
어떻게 해요?

• 어떻게

我不知道怎么做饭。
Wǒ bù zhīdào zěnme zuò fàn.
나는 어떻게 밥을 하는지 모른다.

这件衣服怎么穿?
Zhè jiàn yīfu zěnme chuān?
이 옷 어떻게 입나요?

这个字怎么念?
Zhè ge zì zěnme niàn?
이 글자는 어떻게 읽나요?

怎么办?
Zěnme bàn?
어떻게 하죠?

단어플러스+

爸爸 bàba 아빠 妈妈 māma 엄마 女儿 nǚ'ér 딸 儿子 érzi 아들
孩子 háizi 아이, 자녀 爷爷 yéye 할아버지 奶奶 nǎinai 할머니 哥哥 gēge 형, 오빠
姐姐 jiějie 언니, 누나 弟弟 dìdi 남동생 妹妹 mèimei 여동생

• 왜, 어째서

■ 你怎么没打扫房间?
Nǐ zěnme méi dǎsǎo fángjiān?
너는 어째서 방 청소를 안 했니?

■ 你怎么没吃早饭?
Nǐ zěnme méi chī zǎofàn?
너는 어째서 아침밥을 안 먹었니?

■ 他怎么还没来?
Tā zěnme hái méi lái?
그는 왜 아직도 오지 않니?

怎么样 zěnmeyàng 어떠하다 (주로 상태가 어떤지 물을 때 사용)

你身体 + 怎么样?
Nǐ shēntǐ + zěnmeyàng?
너 몸이 어때? (건강이 어때?)

■ 今天天气怎么样?
Jīntiān tiānqì zěnmeyàng?
오늘 날씨 어때?

■ 你最近怎么样?
Nǐ zuìjìn zěnmeyàng?
너 요즘 어때?

▨ 她的画儿怎么样?

Tā de huàr zěnmeyàng?

그녀의 그림 어때?

▨ 那个菜味道怎么样?

Nà ge cài wèidao zěnmeyàng?

그 요리 맛이 어때요?

▨ 这本小说怎么样?

Zhè běn xiǎoshuō zěnmeyàng?

이 소설 어때요?

▨ 他的性格怎么样?

Tā de xìnggé zěnmeyàng?

그의 성격은 어때요?

▨ 这件衣服怎么样?

Zhè jiàn yīfu zěnmeyàng?

이 옷 어때?

연습문제 1

한자를 따라 써 보고, 빈칸에 들어갈 병음이나 뜻을 채워 봅시다.

冷	1 _____ 춥다	点	diǎn 2 _____
岁	suì 3 _____	念	4 _____ (소리 내어) 읽다
办	bàn 5 _____	孩子	6 _____ 아이, 자녀

现在	7 _____ 지금	小时	xiǎoshí 8 _____
怎么	9 _____ 어떻게, 왜	知道	10 _____ 알다

打扫	dǎsǎo 11 _____	身体	12 _____ 신체, 몸

最近	zuìjìn 13 _____	性格	14 _____ 성격

---

1 lěng	2 시(시간)	3 세(나이)
4 niàn	5 처리하다, 하다	6 háizi
7 xiànzài	8 시간(단위)	9 zěnme
10 zhīdào	11 청소하다	12 shēntǐ
13 요즘, 최근	14 xìnggé	

연습문제 2

뜻을 보고 알맞은 문장과 병음을 써 봅시다.

1 그는 학생이니? (정반의문문)

문장
쓰기

병음
쓰기

2 그녀는 아이가 있니? (정반의문문)

3 지금 몇 시예요?

4 너희 가족은 몇 명이니?

---

1 他是不是学生? Tā shì bu shì xuésheng?

2 她有没有孩子? Tā yǒu méiyǒu háizi?

3 现在几点? Xiànzài jǐ diǎn?

4 你家有几口人? Nǐ jiā yǒu jǐ kǒu rén?

5 너는 하루에 몇 시간 공부하니?

문장
쓰기

병음
쓰기

6 나는 어떻게 밥을 하는지 모른다.

7 이 글자는 어떻게 읽나요?

8 너는 어째서 방 청소를 안 했니?

---

5 你一天学习几个小时? Nǐ yìtiān xuéxí jǐ ge xiǎoshí?

6 我不知道怎么做饭。 Wǒ bù zhīdào zěnme zuò fàn.

7 这个字怎么念? Zhè ge zì zěnme niàn?

8 你怎么没打扫房间? Nǐ zěnme méi dǎsǎo fángjiān?

9 그는 왜 아직도 오지 않니?

문장
쓰기

병음
쓰기

10 오늘 날씨 어때?

11 그 요리 맛이 어때요?

12 이 옷 어때?

---

9 他怎么还没来? Tā zěnme hái méi lái?

10 今天天气怎么样? Jīntiān tiānqì zěnmeyàng?

11 那个菜味道怎么样? Nà ge cài wèidao zěnmeyàng?

12 这件衣服怎么样? Zhè jiàn yīfu zěnmeyàng?

04강 부사

부사는 동사나 형용사 앞에 쓰여서 뜻을 더욱 분명하게 하는 역할을 합니다.

단어 체크

非常 fēicháng 매우, 아주	告诉 gàosu 알려 주다
帅 shuài 잘생기다	这么 zhème 이렇게
女朋友 nǚpéngyou 여자 친구	常常 chángcháng 자주, 항상
漂亮 piàoliang 예쁘다	绿茶 lǜchá 녹차
高兴 gāoxìng 기쁘다	踢 tī (발로) 차다
作业 zuòyè 숙제	足球 zúqiú 축구
多 duō 많다	我们 wǒmen 우리
张 zhāng	电视剧 diànshìjù 드라마
(종이 등 넓고 평평한 것을 세는 양사) 장	一定 yídìng 반드시
桌子 zhuōzi 탁자	回来 huílái 돌아오다
贵 guì 비싸다	书包 shūbāo 책가방
就 jiù 바로	件 jiàn (일을 세는 양사) 건
照片 zhàopiàn 사진	事 shì 일
妈妈 māma 엄마	要 yào ~해야 한다
下班 xiàbān 퇴근하다	特别 tèbié 특히, 특별히
后 hòu 후의, 다음의	游客 yóukè 관광객
回家 huíjiā 집으로 돌아가다	喜欢 xǐhuan 좋아하다
健身房 jiànshēnfáng 헬스클럽	秋天 qiūtiān 가을
为什么 wèishénme 왜	更 gèng 더

大 dà 크다	**再** zài 다시
好吃 hǎochī 맛있다	**又** yòu 다시
可能 kěnéng 아마	**明天** míngtiān 내일
已经 yǐjīng 이미, 벌써	**练习** liànxí 연습하다
飞机 fēijī 비행기	**吧** ba ~하자, ~일 것이다
医生 yīshēng 의사	**一下** yíxià 한번

| 문장 연습 |

非常 fēicháng 매우, 아주

他非常帅。
Tā fēicháng shuài.
그는 매우 잘생겼다.

今天作业非常多。
Jīntiān zuòyè fēicháng duō.
오늘 숙제가 아주 많다.

我女朋友非常漂亮。
Wǒ nǚpéngyou fēicháng piàoliang.
내 여자 친구는 매우 예쁘다.

这张桌子非常贵。
Zhè zhāng zhuōzi fēicháng guì.
이 탁자는 매우 비싸다.

我今天非常高兴。
Wǒ jīntiān fēicháng gāoxìng.
나는 오늘 아주 기쁘다.

就 jiù 바로

■ 这就是我的照片。
Zhè jiù shì wǒ de zhàopiàn.
이건 바로 내 사진이다.

■ 她就是我妈妈。
Tā jiù shì wǒ māma.
그녀는 바로 나의 엄마이다.

■ 我下班后就回家。
Wǒ xiàbān hòu jiù huíjiā.
나는 퇴근 후에 바로 집에 간다.

■ 我回家后就去健身房。
Wǒ huíjiā hòu jiù qù jiànshēnfáng.
나는 집에 가서 바로 헬스클럽으로 간다.

■ 我吃了饭，就打扫房间。
Wǒ chī le fàn, jiù dǎsǎo fángjiān.
나는 밥을 먹고 나서 바로 방을 청소했다.

为什么 wèishénme 왜

你为什么没告诉我?
Nǐ wèishénme méi gàosu wǒ?
너는 왜 나에게 알려 주지 않았니?

你昨天为什么没来?
Nǐ zuótiān wèishénme méi lái?
너는 어제 왜 오지 않았니?

你为什么学习汉语?
Nǐ wèishénme xuéxí Hànyǔ?
너는 왜 중국어를 공부하니?

天气为什么这么冷?
Tiānqì wèishénme zhème lěng?
날씨가 왜 이렇게 추운가요?

我不知道他为什么没来。
Wǒ bù zhīdào tā wèishénme méi lái.
나는 그가 왜 오지 않았는지 모른다.

常常 chángcháng 자주, 항상

我常常看电影。
Wǒ chángcháng kàn diànyǐng.
나는 자주 영화를 본다.

我常常听音乐。
Wǒ chángcháng tīng yīnyuè.
나는 자주 음악을 듣는다.

他常常喝绿茶。
Tā chángcháng hē lǜchá.
그는 자주 녹차를 마신다.

我常常踢足球。
Wǒ chángcháng tī zúqiú.
나는 자주 축구를 한다.

我们常常看中国电视剧。
Wǒmen chángcháng kàn Zhōngguó diànshìjù.
우리는 자주 중국 드라마를 본다.

他一定回来。
Tā yídìng huílái.
그는 반드시 돌아온다.

这个书包一定是他的。
Zhè ge shūbāo yídìng shì tā de.
이 책가방은 분명 그의 것이다.

这件事你一定要告诉他。
Zhè jiàn shì nǐ yídìng yào gàosu tā.
이 일을 너는 반드시 그에게 알려야 한다.

特别 tèbié 특히, 특별히

今天游客特别多。
Jīntiān yóukè tèbié duō.
오늘은 관광객이 특히 많다.

我特别喜欢秋天。
Wǒ tèbié xǐhuan qiūtiān.
나는 특히 가을을 좋아한다.

我特别喜欢吃中国菜。
Wǒ tèbié xǐhuan chī zhōngguócài.
나는 특히 중국 요리 먹는 것을 좋아한다.

更 gèng 더

■ 那件衣服更大。
Nà jiàn yīfu gèng dà.
그 옷이 더 크다.

■ 今天更忙。
Jīntiān gèng máng.
오늘은 더 바쁘다.

■ 这个菜更好吃。
Zhè ge cài gèng hǎochī.
이 요리가 더 맛있다.

可能 kěnéng 아마

■ 可能他们已经坐飞机了。
Kěnéng tāmen yǐjīng zuò fēijī le.
아마 그들은 이미 비행기를 탔을 것이다.

■ 他可能看了那部电影。
Tā kěnéng kàn le nà bù diànyǐng.
그는 아마 그 영화를 봤을 것이다.

■ 她可能是医生。
Tā kěnéng shì yīshēng.
그녀는 아마 의사일 것이다.

我们明天再练习吧。
Wǒmen míngtiān zài liànxí ba.
우리 내일 다시 연습합시다.

再做一下。
Zài zuò yíxià.
다시 한번 해 봐.

他们又来了。
Tāmen yòu lái le.
그들은 다시 왔다.

我又看了那本书。
Wǒ yòu kàn le nà běn shū.
나는 그 책을 다시 봤다.

Q

吧 ba
문장 맨 끝에 붙이면 권유 또는 추측의 의미를 더하게 됩니다.

一下 yíxià
동사 뒤에 붙여서 그 동작을 '한번 해 보다', '좀 하다'의 의미를 나타냅니다.

연습문제 1

한자를 따라 써 보고, 빈칸에 들어갈 병음이나 뜻을 채워 봅시다.

就 1 바로

更 gèng 2

再 3 다시

又 4 다시

非常 fēicháng 5

下班 6 퇴근하다

告诉 gàosu 7

这么 zhème 8

常常 chángcháng 9

一定 10 반드시

特别 11 특히, 특별히

可能 kěnéng 12

为什么 13 왜

---

1 jiù   2 더   3 zài
4 yòu   5 매우, 아주   6 xiàbān
7 알려 주다   8 이렇게   9 자주, 항상
10 yídìng   11 tèbié   12 아마
13 wèishénme

연습문제 2

뜻을 보고 알맞은 문장과 병음을 써 봅시다.

1 나는 오늘 아주 기쁘다.

문장
쓰기

병음
쓰기

2 그녀는 바로 나의 엄마이다.

3 나는 퇴근 후에 바로 집에 간다.

4 너는 왜 나에게 알려 주지 않았니?

---

1 我今天非常高兴。 Wǒ jīntiān fēicháng gāoxìng.

2 她就是我妈妈。 Tā jiù shì wǒ māma.

3 我下班后就回家。 Wǒ xiàbān hòu jiù huíjiā.

4 你为什么没告诉我？ Nǐ wèishénme méi gàosu wǒ?

5 날씨가 왜 이렇게 추운가요?

문장
쓰기

병음
쓰기

6 나는 자주 영화를 본다.

7 이 책가방은 분명 그의 것이다.

8 나는 특히 중국 요리 먹는 것을 좋아한다.

---

5 天气为什么这么冷? Tiānqì wèishénme zhème lěng?
6 我常常看电影。 Wǒ chángcháng kàn diànyǐng.
7 这个书包一定是他的。 Zhè ge shūbāo yídìng shì tā de.
8 我特别喜欢吃中国菜。 Wǒ tèbié xǐhuan chī zhōngguócài.

⁹ 오늘은 더 바쁘다.

문장
쓰기

병음
쓰기

¹⁰ 아마 그들은 이미 비행기를 탔을 것이다.

¹¹ 우리 내일 다시 연습합시다.

¹² 그들은 다시 왔다.

---

9 今天更忙。 Jīntiān gèng máng.

10 可能他们已经坐飞机了。 Kěnéng tāmen yǐjīng zuò fēijī le.

11 我们明天再练习吧。 Wǒmen míngtiān zài liànxí ba.

12 他们又来了。 Tāmen yòu lái le.

05강 관형어

관형어는 문장 속에서 명사나 대명사 등을 꾸며 주는 부분입니다.

단어 체크

红色 hóngsè 빨간색

雨伞 yǔsǎn 우산

上班 shàngbān 출근하다

时候 shíhou 때, 무렵

可爱 kě'ài 귀엽다

演员 yǎnyuán 배우

图书馆 túshūguǎn 도서관

买 mǎi 사다

手表 shǒubiǎo 손목시계

很 hěn 아주, 매우

里 li 안, 속

谁 shéi 누구

姐姐 jiějie 언니, 누나

尝 cháng 맛보다

蛋糕 dàngāo 케이크

包 bāo 가방

杯 bēi (양사) 잔

咖啡 kāfēi 커피

'的' 관형 표현

我的 + 书
wǒ de + shū

나의 + 책

红色 + 雨伞
hóngsè + yǔsǎn

빨간색 + 우산

我做的 + 菜
wǒ zuò de + cài

내가 만든 + 요리

위의 예문을 보면 '나의', '빨간색', '내가 만든' 등이 뒤에 오는 '책', '우산', '요리'를 관형어로서 꾸며 주고 있습니다.

이때 '的(de)'는 '~의', '~한'이라는 뜻으로 관형어와 중심어 사이에 쓰여 이 둘을 연결해 주는 역할을 합니다.

漂亮 + 的 + 衣服 　=　 漂亮的衣服 piàoliang de yīfu

예쁘다 + ~한 + 옷 　　　　　 예쁜 옷

好吃 + 的 + 菜 　=　 好吃的菜 hǎochī de cài

맛있다 + ~한 + 요리 　　　　 맛있는 요리

| 문장 연습 |

■ 上班的时候
shàngbān de shíhou
출근할 때

■ 可爱的孩子
kě'ài de háizi
귀여운 아이

■ 喜欢的演员
xǐhuan de yǎnyuán
좋아하는 배우

■ 在图书馆工作的人
zài túshūguǎn gōngzuò de rén
도서관에서 일하는 사람

■ 那是我昨天买的手表。
Nà shì wǒ zuótiān mǎi de shǒubiǎo.
그것은 내가 어제 산 손목시계이다.

■ 你穿的衣服很漂亮。
Nǐ chuān de yīfu hěn piàoliang.
네가 입은 옷이 예쁘다.

■ 房间里的人是谁?
Fángjiān li de rén shì shéi?
방 안의 사람은 누구인가요?

我姐姐做的菜你尝尝吧。
Wǒ jiějie zuò de cài nǐ chángchang ba.
우리 언니가 만든 요리 네가 맛 좀 봐봐.

那是我做的蛋糕。
Nà shì wǒ zuò de dàngāo.
그것은 내가 만든 케이크이다.

我喜欢的运动就是足球。
Wǒ xǐhuan de yùndòng jiù shì zúqiú.
내가 좋아하는 운동은 바로 축구이다.

你包里的书是什么?
Nǐ bāo li de shū shì shénme?
네 가방 안의 책은 뭐니?

今天下班的时候, 我喝了一杯咖啡。
Jīntiān xiàbān de shíhou, wǒ hē le yì bēi kāfēi.
오늘 퇴근할 때, 나는 커피 한 잔을 마셨다.

> **尝尝 chángchang**
> 동작을 나타내는 동사를 중첩해서 쓰면 '(가볍게) ~하다', '(시험 삼아) 해 보다'라는 뜻을
> 가지게 됩니다.
> 听听 tīngting 들어 보다
> 看看 kànkan 봐 보다
> 1음절 동사를 중첩할 때는 동사 사이에 'ㅡ(yi)'가 들어갈 수 있습니다.
> 你听一听吧。 Nǐ tīng yi tīng ba. 들어 보세요.

연습문제 1

한자를 따라 써 보고, 빈칸에 들어갈 병음이나 뜻을 채워 봅시다.

买 — 1 사다	很 — 2 아주, 매우
里 — li 3	谁 — 4 누구
尝 — cháng 5	包 — bāo 6
红色 — 7 빨간색	上班 — shàngbān 8
时候 — shíhou 9	可爱 — 10 귀엽다
演员 — 11 배우	蛋糕 — 12 케이크
图书馆 — 13 도서관	

1 mǎi 2 hěn 3 안, 속
4 shéi 5 맛보다 6 가방
7 hóngsè 8 출근하다 9 때, 무렵
10 kě'ài 11 yǎnyuán 12 dàngāo
13 túshūguǎn

연습문제 2

뜻을 보고 알맞은 문장과 병음을 써 봅시다.

1 출근할 때

문장
쓰기

병음
쓰기

2 귀여운 아이

3 좋아하는 배우

4 도서관에서 일하는 사람

---

1 上班的时候 shàngbān de shíhou
2 可爱的孩子 kě'ài de háizi
3 喜欢的演员 xǐhuan de yǎnyuán
4 在图书馆工作的人 zài túshūguǎn gōngzuò de rén

5 그것은 내가 어제 산 손목시계이다.

문장
쓰기

병음
쓰기

6 네가 입은 옷이 예쁘다.

7 방 안의 사람은 누구인가요?

8 우리 언니가 만든 요리 네가 맛 좀 봐봐.

---

5 那是我昨天买的手表。 Nà shì wǒ zuótiān mǎi de shǒubiǎo.

6 你穿的衣服很漂亮。 Nǐ chuān de yīfu hěn piàoliang.

7 房间里的人是谁? Fángjiān li de rén shì shéi?

8 我姐姐做的菜你尝尝吧。 Wǒ jiějie zuò de cài nǐ chángchang ba.

9 그것은 내가 만든 케이크이다.

문장
쓰기

병음
쓰기

10 내가 좋아하는 운동은 바로 축구이다.

11 네 가방 안의 책은 뭐니?

12 오늘 퇴근할 때, 나는 커피 한 잔을 마셨다.

---

9 那是我做的蛋糕。 Nà shì wǒ zuò de dàngāo.

10 我喜欢的运动就是足球。 Wǒ xǐhuan de yùndòng jiù shì zúqiú.

11 你包里的书是什么? Nǐ bāo li de shū shì shénme?

12 今天下班的时候，我喝了一杯咖啡。 Jīntiān xiàbān de shíhou, wǒ hē le yì bēi kāfēi.

06강 조동사

중국어에서 일반 동사 앞에 서서 '~할 수 있다', '~하고 싶다' 등 능력이나 소망을 나타내는 동사를 조동사 또는 능원동사라고 합니다.

단어 체크

酒 jiǔ 술

能 néng ~할 수 있다

想 xiǎng ~하고 싶다

日本 Rìběn 일본

解决 jiějué 해결하다

问题 wèntí 문제

约会 yuēhuì 약속

便宜 piányi 싸다

一点儿 yìdiǎnr 조금

哪里 nǎli 어디

票 piào 표

有点儿 yǒudiǎnr 조금

会 huì ~할 수 있다, ~할 것이다

篮球 lánqiú 농구

说 shuō 말하다

跳舞 tiào wǔ 춤을 추다

弟弟 dìdi 남동생

开 kāi 운전하다, 열다

汽车 qìchē 자동차

早上 zǎoshang 아침

下 xià 내리다

雪 xuě 눈

努力 nǔlì 열심히 하다

迟到 chídào 지각하다

要 yào ~할 것이다, ~해야 한다

游泳 yóuyǒng 수영, 수영하다

美国 Měiguó 미국

旅行 lǚxíng 여행

话 huà 말

可以 kěyǐ ~해도 된다

出去 chūqù 나가다

这里 zhèli 여기

大声 dàshēng 큰 소리

毛衣 máoyī 스웨터

应该 yīnggāi (당연히) ~해야 한다

每天 měitiān 매일

중국어의 조동사

주어 + **조동사** + 동사

我喝酒。
Wǒ hē jiǔ.
나는 술을 마신다.

▶

我能喝酒。
Wǒ néng hē jiǔ.
나는 술을 마실 수 있다.

부정문을 만들 때는 보통 조동사 앞에 '不(bù)'를 씁니다.

我不能喝酒。
Wǒ bù néng hē jiǔ.
나는 술을 못 마신다.

의문문은 문장 끝에 '吗(ma)'를 붙이거나 정반의문문 형식으로 씁니다.

你能喝酒吗?
Nǐ néng hē jiǔ ma?

你能不能喝酒?
Nǐ néng bu néng hē jiǔ?   너는 술을 마실 수 있니?

동작의 완료를 나타내는 '了(le)'는 조동사와 함께 쓸 수 없습니다.

| 문장 연습 |

想 xiǎng 하고 싶다

我回家。
Wǒ huíjiā.
나는 집에 간다.

▶

我想回家。
Wǒ xiǎng huíjiā.
나는 집에 가고 싶다.

我想听音乐。
Wǒ xiǎng tīng yīnyuè.
나는 음악을 듣고 싶다.

我想喝咖啡。
Wǒ xiǎng hē kāfēi.
나는 커피를 마시고 싶다.

我想看那本书。
Wǒ xiǎng kàn nà běn shū.
나는 그 책을 보고 싶다.

我很想吃日本菜。
Wǒ hěn xiǎng chī Rìběn cài.
나는 일본 요리가 무척 먹고 싶다.

能 néng 할 수 있다 (가능성이 있거나 신체 능력으로 할 수 있는 경우)

你做什么?　　　▶　你能做什么?
Nǐ zuò shénme?　　　Nǐ néng zuò shénme?
너는 무엇을 하니?　　　너는 무엇을 할 수 있니?

我能解决这个问题。
Wǒ néng jiějué zhè ge wèntí.
나는 이 문제를 해결할 수 있다.

他明天有约会，不能来我家。
Tā míngtiān yǒu yuēhuì, bù néng lái wǒ jiā.
그는 내일 약속이 있어서, 우리 집에 올 수 없다.

能不能便宜一点儿?
Néng bu néng piányi yìdiǎnr?
좀 싸게 해 주실 수 있나요?

哪里能买票?
Nǎli néng mǎi piào?
어디에서 표를 살 수 있나요?

❶

一点儿 yìdiǎnr
형용사 뒤에 쓰여서 '조금, 좀'이라는 뜻을 나타냅니다. '一'는 생략될 수 있습니다.

有点儿 yǒudiǎnr
형용사 앞에 쓰여서 '조금, 좀'이라는 뜻을 나타내며, 주로 부정적인 상황에서 쓰입니다.

> **会 huì** 할 수 있다, 할 것이다
>
> | | |
> |---|---|
> | 他打篮球。 | 他会打篮球。 |
> | Tā dǎ lánqiú. | Tā huì dǎ lánqiú. |
> | 그는 농구를 한다. | 그는 농구를 할 줄 안다. |

• 할 수 있다 (배워서 할 수 있는 경우)

▪ 我会说英语。
Wǒ huì shuō Yīngyǔ.
나는 영어를 할 수 있다.

▪ 我会跳舞。
Wǒ huì tiào wǔ.
나는 춤을 출 수 있다.

▪ 我弟弟不会开汽车。
Wǒ dìdi bú huì kāi qìchē.
내 남동생은 차를 운전하지 못한다.

• 할 것이다 ('会…的'의 형태로 쓰며, 문장 맨 뒤의 '的'는 생략 가능)

明天早上会下雪的。
Míngtiān zǎoshang huì xià xuě de.
내일 아침에 눈이 올 것이다.

她会努力学习。
Tā huì nǔlì xuéxí.
그녀는 열심히 공부할 것이다.

他会迟到的。
Tā huì chídào de.
그는 지각할 것이다.

他们不会来的。
Tāmen bú huì lái de.
그들은 오지 않을 것이다.

要 yào 할 것이다, 해야 한다

我看电影。 ▶ 我要看电影。
Wǒ kàn diànyǐng.   Wǒ yào kàn diànyǐng.
나는 영화를 본다.   나는 영화를 볼 것이다.

• 할 것이다

我要听汉语课。
Wǒ yào tīng Hànyǔ kè.
나는 중국어 수업을 들을 것이다.

我要学游泳。
Wǒ yào xué yóuyǒng.
나는 수영을 배울 것이다.

我要去美国旅行。
Wǒ yào qù Měiguó lǚxíng.
나는 미국 여행을 갈 것이다.

• 해야 한다

今天我要打扫房间。
Jīntiān wǒ yào dǎsǎo fángjiān.
오늘 나는 방을 청소해야 한다.

你一定要听妈妈的话。
Nǐ yídìng yào tīng māma de huà.
너는 반드시 엄마 말씀을 들어야 한다.

可以 kěyǐ 해도 된다

你出去。	你可以出去。
Nǐ chūqù.	Nǐ kěyǐ chūqù.
너는 나간다.	너는 나가도 된다.

你可以看我的书。
Nǐ kěyǐ kàn wǒ de shū.
너는 내 책을 봐도 된다.

在这里不可以大声说。
Zài zhèli bù kěyǐ dàshēng shuō.
여기서 큰 소리로 말하면 안 된다.

那件毛衣你可以穿一穿。
Nà jiàn máoyī nǐ kěyǐ chuān yi chuān.
그 스웨터, 너 한번 입어 봐도 된다.

应该 yīnggāi (당연히) 해야 한다

你应该每天练习。
Nǐ yīnggāi měitiān liànxí.
너는 매일 연습해야 한다.

那是应该的。
Nà shì yīnggāi de.
그것은 당연한 것이다.

연습문제 1

한자를 따라 써 보고, 빈칸에 들어갈 병음이나 뜻을 채워 봅시다.

| 能 | néng
1 | 想 | 2
~하고 싶다 |

| 会 | huì
3 | 要 | yào
4 |

| 解决 | 5
해결하다 | 问题 | 6
문제 |

| 约会 | yuēhuì
7 | 便宜 | piányi
8 |

| 汽车 | 9
자동차 | 努力 | nǔlì
10 |

| 迟到 | 11
지각하다 | 旅行 | 12
여행 |

| 可以 | 13
~해도 된다 | 应该 | 14
(당연히) ~해야 한다 |

---

1 ~할 수 있다   2 xiǎng   3 ~할 수 있다, ~할 것이다
4 ~할 것이다, ~해야 한다 5 jiějué   6 wèntí
7 약속   8 싸다   9 qìchē
10 열심히 하다   11 chídào   12 lǚxíng
13 kěyǐ   14 yīnggāi

연습문제 2

뜻을 보고 알맞은 문장과 병음을 써 봅시다.

1 나는 음악을 듣고 싶다.

문장
쓰기

병음
쓰기

2 나는 커피를 마시고 싶다.

3 나는 이 문제를 해결할 수 있다.

4 좀 싸게 해 주실 수 있나요?

---

1 我想听音乐。 Wǒ xiǎng tīng yīnyuè.

2 我想喝咖啡。 Wǒ xiǎng hē kāfēi.

3 我能解决这个问题。 Wǒ néng jiějué zhè ge wèntí.

4 能不能便宜一点儿? Néng bu néng piányi yìdiǎnr?

5 나는 영어를 할 수 있다.

문장
쓰기

병음
쓰기

6 내 남동생은 차를 운전하지 못한다.

7 내일 아침에 눈이 올 것이다.

8 그들은 오지 않을 것이다.

---

5 我会说英语。 Wǒ huì shuō Yīngyǔ.

6 我弟弟不会开汽车。 Wǒ dìdi bú huì kāi qìchē.

7 明天早上会下雪的。 Míngtiān zǎoshang huì xià xuě de.

8 他们不会来的。 Tāmen bú huì lái de.

⁹ 나는 미국 여행을 갈 것이다. (要)

문장
쓰기

병음
쓰기

¹⁰ 너는 엄마 말씀을 들어야 한다. (要)

¹¹ 여기서 큰 소리로 말하면 안 된다.

¹² 너는 매일 연습해야 한다. (应该)

---

9 我要去美国旅行。Wǒ yào qù Měiguó lǚxíng.

10 你一定要听妈妈的话。Nǐ yídìng yào tīng māma de huà.

11 在这里不可以大声说。Zài zhèli bù kěyǐ dàshēng shuō.

12 你应该每天练习。Nǐ yīnggāi měitiān liànxí.

07강 어기조사 了

앞에서 동작 완료를 나타내는 '了' 문장에 대해 알아보았습니다. 이번에는 동작 완료가 아닌 상황의 변화를 나타내는 '了'에 대해 배워 보겠습니다.

단어 체크

朋友 péngyou 친구

天 tiān 날씨

晴 qíng 하늘이 맑다

雨 yǔ 비

时间 shíjiān 시간

早 zǎo (때가) 이르다

好 hǎo 좋다

胖 pàng 뚱뚱하다

个子 gèzi 키, 신장

高 gāo 높다, 크다

别 bié ~하지 마라

今年 jīnnián 올해

변화를 나타내는 了

여기서의 '了(le)'는 앞서 배웠던 '동작을 완료함'의 의미가 아닌, '어떤 상황으로 변화함'이라는 의미를 나타냅니다. 따라서 형용사 문장 뒤에도 쓸 수 있습니다. 부정 의미인 '不(bù)'를 쓰면 '~가 아니게 되었다'라는 의미를 나타냅니다.

我今年二十岁。
Wǒ jīnnián èr shí suì.
나는 올해 스무 살이다.

我今年二十岁 + 了。
Wǒ jīnnián èr shí suì le.
나는 올해 스무 살이 되었다.

我有中国朋友。
Wǒ yǒu Zhōngguó péngyou.
나는 중국 친구가 있다.

我有中国朋友 + 了。
Wǒ yǒu Zhōngguó péngyou le.
나는 중국 친구가 생겼다. (있게 되었다)

| 문장 연습 |

■ 天气冷了。
Tiānqì lěng le.
날씨가 추워졌다.

■ 天晴了。
Tiān qíng le.
하늘이 개었다.

■ 下雨了。
Xià yǔ le.
비가 내린다. (내리게 되었다)

■ 怎么了？
Zěnme le?
어떻게 된 거예요?

■ 时间不早了。
Shíjiān bù zǎo le.
시간이 늦었다. (이르지 않게 되었다)

■ 她身体更好了。
Tā shēntǐ gèng hǎo le.
그녀는 몸이 더 좋아졌다.

他最近胖了。
Tā zuìjìn pàng le.
그는 요즘 살이 쪘다.

那个孩子个子高了。
Nà ge háizi gèzi gāo le.
그 아이는 키가 컸다. (커졌다)

别吃了。
Bié chī le.
먹지 마라. (그만 먹어라)

我今年二十岁了。
Wǒ jīnnián èr shí suì le.
나는 올해 스무 살이 되었다.

我有中国朋友了。
Wǒ yǒu Zhōngguó péngyou le.
나는 중국 친구가 생겼다. (있게 되었다)

단어플러스+

冷 lěng 춥다 热 rè 덥다 凉快 liángkuai 시원하다 暖和 nuǎnhuo 따뜻하다

연습문제 1

한자를 따라 써 보고, 빈칸에 들어갈 병음이나 뜻을 채워 봅시다.

天	tiān 1	晴	2 하늘이 맑다
雨	3 비	早	4 (때가) 이르다
好	hǎo 5	胖	6 뚱뚱하다
高	gāo 7	别	bié 8
朋友	9 친구	时间	10 시간
个子	gèzi 11	今年	jīnnián 12

1 날씨	2 qíng	3 yǔ
4 zǎo	5 좋다	6 pàng
7 높다, 크다	8 ~하지 마라	9 péngyou
10 shíjiān	11 키, 신장	12 올해

연습문제 2

뜻을 보고 알맞은 문장과 병음을 써 봅시다.

1 날씨가 추워졌다.

문장
쓰기

병음
쓰기

2 시간이 늦었다.

3 그는 요즘 살이 쪘다.

4 나는 중국 친구가 생겼다.

---

1 天气冷了。Tiānqì lěng le.

2 时间不早了。Shíjiān bù zǎo le.

3 他最近胖了。Tā zuìjìn pàng le.

4 我有中国朋友了。Wǒ yǒu Zhōngguó péngyou le.

08강 전치사

단어들의 관계를 나타내는 전치사를 사용하여 여러 가지 표현들을 만들어 봅시다.

단어 체크

跟 gēn ~와	礼物 lǐwù 선물
一起 yìqǐ 같이, 함께	健康 jiànkāng 건강
市场 shìchǎng 시장	操场 cāochǎng 운동장
对 duì ~에게, ~에 대해	哪儿 nǎr 어디
给 gěi ~에게	见面 jiànmiàn 만나다
在 zài ~에서	离 lí ~에서부터
教室 jiàoshì 교실	公司 gōngsī 회사
伦敦 Lúndūn 런던	这儿 zhèr 여기
关系 guānxi 관계	近 jìn 가깝다
没事 méishì 괜찮다	机场 jīchǎng 공항
同意 tóngyì 동의하다	首尔 Shǒu'ěr 서울
打 dǎ (전화를) 걸다	不太 bú tài 그다지 ~하지 않다
电话 diànhuà 전화	远 yuǎn 멀다
张 Zhāng (성씨) 장	从 cóng ~부터, ~에서부터
老师 lǎoshī 선생님	去年 qùnián 작년
为 wèi ~을 위해	开始 kāishǐ 시작하다
为了 wèile ~을 위해	学校 xuéxiào 학교
借 jiè 빌리다	出发 chūfā 출발하다
件 jiàn (선물을 세는 양사) 개	

중국어의 전치사

전치사는 문장 내에서 대상, 장소, 원인 등을 나타내며, 동사나 형용사 앞쪽에 옵니다.

跟 gēn ~와	**跟我一起去市场吧。** Gēn wǒ yìqǐ qù shìchǎng ba. 나랑 같이 시장에 가자.
对 duì ~에게, ~에 대해	**他对我说。** Tā duì wǒ shuō. 그가 나에게 말했다.
给 gěi ~에게	**他给我做饭。** Tā gěi wǒ zuò fàn. 그는 나에게 밥을 해 준다.
在 zài ~에서	**我在教室看书。** Wǒ zài jiàoshì kàn shū. 나는 교실에서 책을 본다.

| 문장 연습 |

跟 gēn ~와

跟我一起去市场吧。
Gēn wǒ yìqǐ qù shìchǎng ba.
나랑 같이 시장에 가자.

我跟姐姐去过伦敦。
Wǒ gēn jiějie qùguo Lúndūn.
나는 누나와 런던에 간 적이 있다.

这件事跟我没关系。
Zhè jiàn shì gēn wǒ méi guānxi.
이 일은 나와 관계없다.

对 duì ~에게, ~에 대해

他对我说 : "没事吧?"
Tā duì wǒ shuō: "Méishì ba?"
그가 나에게 말했다. "괜찮아?"

她对我很好。
Tā duì wǒ hěn hǎo.
그녀는 나에게 잘해 준다.

对这个问题我不同意。
Duì zhè ge wèntí wǒ bù tóngyì.
이 문제에 대해 나는 동의하지 않는다.

他给我做饭。
Tā gěi wǒ zuò fàn.
그는 나에게 밥을 해 준다.

我给他打电话了。
Wǒ gěi tā dǎ diànhuà le.
나는 그에게 전화를 했다.

我给张老师写了一封信。
Wǒ gěi Zhāng lǎoshī xiě le yì fēng xìn.
나는 장 선생님에게 편지 한 통을 썼다.

为 / 为了 wèi / wèile ~을 위해

为了学习汉语, 我借了几本中文书。
Wèile xuéxí Hànyǔ, wǒ jiè le jǐ běn Zhōngwén shū.
중국어를 공부하기 위해 나는 중국어 책 몇 권을 빌렸다.

我为他买了一件礼物。
Wǒ wèi tā mǎi le yí jiàn lǐwù.
나는 그를 위해 선물 하나를 샀다.

她为了健康每天做运动。
Tā wèile jiànkāng měitiān zuò yùndòng.
그녀는 건강을 위해 매일 운동을 한다.

在 zài ~에서

■ 我在教室看书。
Wǒ zài jiàoshì kàn shū.
나는 교실에서 책을 본다.

■ 他每天在操场练习踢足球。
Tā měitiān zài cāochǎng liànxí tī zúqiú.
그는 매일 운동장에서 축구를 연습한다.

■ 我们在哪儿见面?
Wǒmen zài nǎr jiànmiàn?
우리 어디에서 만날까?

离 lí ~에서부터 (장소나 시간 사이의 거리나 간격을 나타냄)

■ 我们公司离这儿很近。
Wǒmen gōngsī lí zhèr hěn jìn.
우리 회사는 여기서 가깝다.

■ 机场离首尔不太远。
Jīchǎng lí Shǒu'ěr bú tài yuǎn.
공항은 서울에서 그다지 멀지 않다.

■ 我从去年开始学习汉语。
Wǒ cóng qùnián kāishǐ xuéxí Hànyǔ.
나는 작년부터 중국어 공부를 시작했다.

■ 他们从学校出发了。
Tāmen cóng xuéxiào chūfā le.
그들은 학교에서 출발했다.

■ 他从美国来了。
Tā cóng Měiguó lái le.
그는 미국에서 왔다.

단어플러스+

首尔 Shǒu'ěr 서울 仁川 Rénchuān 인천 北京 Běijīng 베이징 上海 Shànghǎi 상하이
天津 Tiānjīn 톈진 四川 Sìchuān 쓰촨 山东 Shāndōng 산둥 东京 Dōngjīng 도쿄
伦敦 Lúndūn 런던 纽约 Niǔyuē 뉴욕 巴黎 Bālí 파리

연습문제 1

한자를 따라 써 보고, 빈칸에 들어갈 병음이나 뜻을 채워 봅시다.

跟 gēn ___1	对 duì ___2
给 ___3 ~에게	在 ___4 ~에서
为 wèi ___5	借 jiè ___6
离 lí ___7	从 ___8 ~부터, ~에서부터
关系 ___9 관계	同意 ___10 동의하다
健康 ___11 건강	见面 jiànmiàn ___12
公司 gōngsī ___13	开始 kāishǐ ___14

---

1 ~와   2 ~에게, ~에 대해   3 gěi
4 zài   5 ~을 위해   6 빌리다
7 ~에서부터   8 cóng   9 guānxi
10 tóngyì   11 jiànkāng   12 만나다
13 회사   14 시작하다

연습문제 2

뜻을 보고 알맞은 문장과 병음을 써 봅시다.

1 나랑 같이 시장에 가자.

문장
쓰기

병음
쓰기

2 이 일은 나와 관계없다.

3 그녀는 나에게 잘해 준다.

4 이 문제에 대해 나는 동의하지 않는다.

---

1 跟我一起去市场吧。Gēn wǒ yìqǐ qù shìchǎng ba.

2 这件事跟我没关系。Zhè jiàn shì gēn wǒ méi guānxi.

3 她对我很好。Tā duì wǒ hěn hǎo.

4 对这个问题我不同意。Duì zhè ge wèntí wǒ bù tóngyì.

5 나는 그에게 전화를 했다.

문장
쓰기

병음
쓰기

6 나는 장 선생님에게 편지 한 통을 썼다.

7 중국어를 공부하기 위해 나는 중국어 책 몇 권을 빌렸다.

8 그는 매일 운동장에서 축구를 연습한다.

---

5 我给他打电话了。 Wǒ gěi tā dǎ diànhuà le.

6 我给张老师写了一封信。 Wǒ gěi Zhāng lǎoshī xiě le yì fēng xìn.

7 为了学习汉语，我借了几本中文书。 Wèile xuéxí Hànyǔ, wǒ jiè le jǐ běn Zhōngwén shū.

8 他每天在操场练习踢足球。 Tā měitiān zài cāochǎng liànxí tī zúqiú.

우리 어디에서 만날까?

문장
쓰기

병음
쓰기

10 우리 회사는 여기서 가깝다.

11 나는 작년부터 중국어 공부를 시작했다.

12 그는 미국에서 왔다.

---

9 我们在哪儿见面? Wǒmen zài nǎr jiànmiàn?

10 我们公司离这儿很近。 Wǒmen gōngsī lí zhèr hěn jìn.

11 我从去年开始学习汉语。 Wǒ cóng qùnián kāishǐ xuéxí Hànyǔ.

12 他从美国来了。 Tā cóng Měiguó lái le.

09강 결과보어

앞에서 배웠던 여러 가지 동사들에 동사 의미를 보충해 주는 결과보어를 더하여 더욱 다양한 표현들을 만들어 봅시다.

단어 체크

完 wán 끝나다	钥匙 yàoshi 열쇠
修 xiū 수리하다	见 jiàn 보다, (감각으로) 파악하다
手机 shǒujī 핸드폰	广播 guǎngbō 방송
整理 zhěnglǐ 정리하다	车 chē 자동차
都 dōu 모두, 다	住 zhù 정착하다, 거주하다
准备 zhǔnbèi 준비하다	记 jì 기억하다
需要 xūyào 필요하다	号码 hàomǎ 번호
东西 dōngxi 물건	开 kāi 분리되다, 떨어지다
懂 dǒng 이해하다	分 fēn 나누다
英文 Yīngwén 영어	俩 liǎ 두 사람
到 dào 목적이 달성되다, 도달하다	错 cuò 틀리다
新 xīn 새롭다	名字 míngzi 이름
电脑 diànnǎo 컴퓨터	对 duì 옳다, 맞다
肯定 kěndìng 분명히, 확실히	猜 cāi 추측하다
声音 shēngyīn 목소리	洗 xǐ 씻다, 빨다
想 xiǎng 생각하다	干净 gānjìng 깨끗하다
回国 huíguó 귀국하다	校服 xiàofú 교복
找 zhǎo 찾다	
终于 zhōngyú 드디어, 마침내	

결과보어

동사 뒤에 다른 동사나 형용사 등을 붙여서 앞의 동사가 나타내는 동작의 결과를 설명하는 성분을 결과보어라고 합니다.

吃 먹다 + 完 끝내다 = 吃完 다 먹었다

결과보어 문장은 동작이 이미 완료되었다는 것을 의미하기 때문에, 부정할 때에는 완료형 '了' 문장과 같이 '没(有)(méiyǒu)'를 씁니다.

没吃完 다 먹지 못했다

| 문장 연습 |

完 wán 끝나다

吃完 다 먹다 | 吃 먹다 + 完 끝나다

■ 我吃完了早饭。

Wǒ chīwán le zǎofàn.

나는 아침밥을 다 먹었다.

看完 다 보다 | 看 보다 + 完 끝나다

■ 他看完了那本小说。

Tā kànwán le nà běn xiǎoshuō.

그는 그 소설을 다 보았다.

做完 다 하다 | 做 하다 + 完 끝나다

■ 你的作业做完了吗?

Nǐ de zuòyè zuòwán le ma?

네 숙제는 다 했니?

好 hǎo 잘 완성되다

修好 잘 고치다 | 修 고치다 + 好 잘 완성되다

他修好了我的手机。

Tā xiūhǎo le wǒ de shǒujī.

그는 내 핸드폰을 잘 고쳐 났다.

整理好 잘 정리하다 | 整理 정리하다 + 好 잘 완성되다

昨天买的衣服我都整理好了。

Zuótiān mǎi de yīfu wǒ dōu zhěnglǐhǎo le.

어제 산 옷은 내가 다 잘 정리했다.

准备好 잘 준비하다 | 准备 준비하다 + 好 잘 완성되다

你需要的东西都准备好了吗?

Nǐ xūyào de dōngxi dōu zhǔnbèihǎo le ma?

네가 필요한 물건은 다 잘 준비했니?

懂 dǒng 이해하다

听懂 듣고 이해하다 | 听 듣다 + 懂 이해하다

我的话你听懂了吗?

Wǒ de huà nǐ tīngdǒng le ma?

내 말 너는 알아들었니?

看懂 보고 이해하다 | 看 보다 + 懂 이해하다

他能看懂英文书。

Tā néng kàndǒng Yīngwén shū.

그는 영어로 된 책을 읽고 이해할 수 있다.

到 dào 목적이 달성되다, 도달하다

买到 사다 | 买 사다 + 到 목적이 달성되다

我弟弟买到了新的电脑。

Wǒ dìdi mǎidào le xīnde diànnǎo.

내 남동생은 새 컴퓨터를 샀다.

听到 듣다 | 听 듣다 + 到 도달하다

他肯定听到了我的声音。

Tā kěndìng tīngdào le wǒ de shēngyīn.

그는 분명히 내 목소리를 들었을 것이다.

想到 생각이 미치다 | 想 생각하다 + 到 도달하다

我没想到他已经回国了。

Wǒ méi xiǎngdào tā yǐjīng huíguó le.

나는 그가 이미 귀국했을 것이라고는 생각하지 못했다.

找到 찾아내다 | 找 찾다 + 到 목적이 달성되다

她终于找到了钥匙。

Tā zhōngyú zhǎodào le yàoshi.

그녀는 드디어 열쇠를 찾아냈다.

见 jiàn (감각으로) 파악하다

听见 듣다 | 听 듣다 + 见 (감각으로) 파악하다

我听见广播。

Wǒ tīngjiàn guǎngbō.

나는 방송을 들었다.

看见 보다 | 看 보다 + 见 (감각으로) 파악하다

我们看见他出去。

Wǒmen kànjiàn tā chūqù.

우리는 그가 나가는 것을 보았다.

会 huì 할 수 있다

学会 배워서 할 수 있다 | 学 배우다 + 会 할 수 있다

我学会开车了。

Wǒ xuéhuì kāi chē le.

나는 운전을 배워서 할 수 있게 되었다.

住 zhù 정착하다

记住 기억하다 | 记 기억하다 + 住 정착하다

我记住了他的电话号码。

Wǒ jìzhù le tā de diànhuà hàomǎ.

나는 그의 전화번호를 기억했다.

开 kāi 분리되다, 떨어지다

分开 헤어지다 | 分 나누다 + 开 분리되다

他们俩已经分开了。

Tāmen liǎ yǐjīng fēnkāi le.

그 두 사람은 이미 헤어졌다.

错 cuò 틀리다

写错 틀리게 쓰다 | 写 쓰다 + 错 틀리다

我写错他的名字。

Wǒ xiěcuò tā de míngzi.

나는 그의 이름을 틀리게 썼다.

对 duì 옳다, 맞다

猜对 알아맞히다 | 猜 추측하다 + 对 옳다

这个问题我猜对了。

Zhè ge wèntí wǒ cāiduì le.

이 문제는 내가 알아맞혔다.

干净 gānjìng 깨끗하다

洗干净 깨끗하게 씻다 | 洗 씻다 + 干净 깨끗하다

他洗干净了校服。

Tā xǐgānjìng le xiàofú.

그는 교복을 깨끗이 빨았다.

연습문제 1

한자를 따라 써 보고, 빈칸에 들어갈 병음이나 뜻을 채워 봅시다.

完	wán / 1	修	2 / 수리하다
懂	dǒng / 3	新	4 / 새롭다
找	zhǎo / 5	记	6 / 기억하다
错	cuò / 7	对	duì / 8
洗	9 / 씻다, 빨다	整理	10 / 정리하다
需要	11 / 필요하다	肯定	kěndìng / 12
终于	13 / 드디어, 마침내	干净	gānjìng / 14

---

1 끝나다   2 xiū   3 이해하다
4 xīn   5 찾다   6 jì
7 틀리다   8 옳다, 맞다   9 xǐ
10 zhěnglǐ   11 xūyào   12 분명히, 확실히
13 zhōngyú   14 깨끗하다

연습문제 2

뜻을 보고 알맞은 문장과 병음을 써 봅시다.

1 나는 아침밥을 다 먹었다.

문장
쓰기

병음
쓰기

2 네 숙제는 다 했니?

3 그는 내 핸드폰을 잘 고쳐 놨다.

4 어제 산 옷은 내가 다 잘 정리했다.

---

1 我吃完了早饭。 Wǒ chīwán le zǎofàn.

2 你的作业做完了吗? Nǐ de zuòyè zuòwán le ma?

3 他修好了我的手机。 Tā xiūhǎo le wǒ de shǒujī.

4 昨天买的衣服我都整理好了。 Zuótiān mǎi de yīfu wǒ dōu zhěnglǐhǎo le.

5 내 말 너는 알아들었니?

문장
쓰기

병음
쓰기

6 그는 영어로 된 책을 읽고 이해할 수 있다.

7 내 남동생은 새 컴퓨터를 샀다.

8 나는 그가 이미 귀국했을 것이라고는 생각하지 못했다.

---

5 我的话你听懂了吗? Wǒ de huà nǐ tīngdǒng le ma?

6 他能看懂英文书。 Tā néng kàndǒng Yīngwén shū.

7 我弟弟买到了新的电脑。 Wǒ dìdi mǎidào le xīnde diànnǎo.

8 我没想到他已经回国了。 Wǒ méi xiǎngdào tā yǐjīng huíguó le.

⁹ 나는 방송을 들었다.

문장
쓰기

병음
쓰기

¹⁰ 나는 그의 전화번호를 기억했다.

¹¹ 나는 그의 이름을 틀리게 썼다.

¹² 그는 교복을 깨끗이 빨았다.

---

9 我听见广播。 Wǒ tīngjiàn guǎngbō.

10 我记住了他的电话号码。 Wǒ jìzhù le tā de diànhuà hàomǎ.

11 我写错他的名字。 Wǒ xiěcuò tā de míngzi.

12 他洗干净了校服。 Tā xǐgānjìng le xiàofú.

10강 접속사

여러 문장들을 이어서 의미 관계를 만들어 주는 접속사에 대해 배워 봅시다.

단어 체크

不但 búdàn ~뿐만 아니라

而且 érqiě 게다가, 또한

热 rè 덥다, 뜨겁다

大雨 dàyǔ 큰 비

法国 Fǎguó 프랑스

如果 rúguǒ 만약

的话 dehuà ~하다면

马上 mǎshàng 즉시, 바로

加班 jiābān 초과근무하다

电影院 diànyǐngyuàn 영화관

亲自 qīnzì 직접

问 wèn 묻다, 질문하다

实话 shíhuà 실화, 솔직한 말

虽然 suīrán 비록 ~하지만

但是 dànshì 그러나, 그렇지만

锻炼 duànliàn (몸을) 단련하다

骑 qí (말, 자전거 등을) 타다

自行车 zìxíngchē 자전거

首先 shǒuxiān 가장 먼저

然后 ránhòu 그런 후에, 그 다음에

脸 liǎn 얼굴

刷牙 shuā yá 양치하다

屋子 wūzi 방

洗衣 xǐyī 빨래하다

口语 kǒuyǔ 회화, 구어

因为 yīnwèi 왜냐하면

所以 suǒyǐ 그래서

火车 huǒchē 기차

玩儿 wánr 놀다

成绩 chéngjì 성적

太 tài 너무

早点儿 zǎodiǎnr 일찍

| 문장 연습 |

他性格好	身体健康
tā xìnggé hǎo	shēntǐ jiànkāng
그는 성격이 좋다	몸이 건강하다

他 + 不但 + 性格好, 而且 + 身体健康。

Tā + búdàn + xìnggé hǎo, érqiě + shēntǐ jiànkāng.

그는 성격이 좋을 뿐 아니라 몸도 건강하다.

今天不但非常热, 而且下大雨。
Jīntiān búdàn fēicháng rè, érqiě xià dàyǔ.
오늘은 무척 더울 뿐 아니라 비도 많이 온다.

这个菜不但好吃, 而且便宜。
Zhè ge cài búdàn hǎochī, érqiě piányi.
이 요리는 맛있을 뿐 아니라 값도 싸다.

他不但会做中国菜, 而且会做法国菜。
Tā búdàn huì zuò zhōngguócài, érqiě huì zuò Fǎguó cài.
그는 중국 요리를 할 줄 알 뿐 아니라 프랑스 요리도 할 줄 안다.

他不但性格好, 而且身体健康。
Tā búdàn xìnggé hǎo, érqiě shēntǐ jiànkāng.
그는 성격이 좋을 뿐 아니라 몸도 건강하다.

如果… 的话 만일 ~라면

你需要什么	就对我说
nǐ xūyào shénme	jiù duì wǒ shuō
네가 무엇이 필요하다	바로 나에게 말해라

▼

如果 + 你需要什么 + 的话, 就对我说。

Rúguǒ + nǐ xūyào shénme + dehuà, jiù duì wǒ shuō.

만약 네가 무엇이 필요하면, 바로 나에게 말해라.

如果你不来的话, 马上给我打电话。

Rúguǒ nǐ bù lái dehuà, mǎshàng gěi wǒ dǎ diànhuà.

만약 네가 오지 않는다면, 곧바로 나에게 전화를 해라.

如果明天不加班的话, 我们去电影院吧。

Rúguǒ míngtiān bù jiābān dehuà, wǒmen qù diànyǐngyuàn ba.

만약 내일 야근을 하지 않는다면, 우리 영화관에 가자.

如果老师亲自问他的话, 他就说实话。

Rúguǒ lǎoshī qīnzì wèn tā dehuà, tā jiù shuō shíhuà.

만약 선생님이 직접 그에게 물어본다면, 그는 사실대로 말할 것이다.

如果你需要什么的话, 就对我说。

Rúguǒ nǐ xūyào shénme dehuà, jiù duì wǒ shuō.

만약 네가 무엇이 필요하면, 바로 나에게 말해라.

虽然… 但是… 비록 ~이지만 그러나

他很喜欢足球	他不会踢
tā hěn xǐhuan zúqiú	tā bú huì tī
그는 축구를 좋아한다	그는 (축구를) 하지 못한다

▼

虽然 + 他很喜欢足球，但是 + 他不会踢。

Suīrán + tā hěn xǐhuan zúqiú, dànshì + tā bú huì tī.

비록 그는 축구를 좋아하지만, (축구를) 하지는 못한다.

她虽然没去过中国，但是她会说汉语。

Tā suīrán méi qùguo Zhōngguó, dànshì tā huì shuō Hànyǔ.

그녀는 비록 중국에 가 본 적이 없지만, 중국어를 할 수 있다.

他虽然身体不太好，但是他每天努力锻炼。

Tā suīrán shēntǐ bú tài hǎo, dànshì tā měitiān nǔlì duànliàn.

그는 비록 몸이 그다지 좋지 않지만, 매일 열심히 운동을 한다.

我虽然不会开汽车，但是会骑自行车。

Wǒ suīrán bú huì kāi qìchē, dànshì huì qí zìxíngchē.

나는 비록 차를 운전하지는 못하지만, 자전거는 탈 수 있다.

虽然他很喜欢足球，但是他不会踢。

Suīrán tā hěn xǐhuan zúqiú, dànshì tā bú huì tī.

비록 그는 축구를 좋아하지만, (축구를) 하지는 못한다.

首先…**然后**… 먼저 ~하고, 그 다음에

他洗脸	刷牙
tā xǐ liǎn	shuā yá
그는 세수를 한다	이를 닦는다

▼

他 + 首先 + 洗脸，然后 + 刷牙。

Tā + shǒuxiān + xǐ liǎn, ránhòu + shuā yá.

그는 먼저 세수를 하고, 그 다음에 이를 닦는다.

■ 我们首先打扫屋子，然后洗衣吧。

Wǒmen shǒuxiān dǎsǎo wūzi, ránhòu xǐyī ba.

우리는 먼저 방을 청소하고, 그 다음에 빨래를 하자.

■ 我首先在市场买东西，然后回家做菜。

Wǒ shǒuxiān zài shìchǎng mǎi dōngxi, ránhòu huíjiā zuò cài.

나는 먼저 시장에서 물건을 사고, 그 다음에 집에 가서 음식을 한다.

■ 我首先练习口语，然后练习写字。

Wǒ shǒuxiān liànxí kǒuyǔ, ránhòu liànxí xiě zì.

나는 먼저 회화를 연습하고, 그 다음에 글자 쓰기를 연습한다.

■ 他首先洗脸，然后刷牙。

Tā shǒuxiān xǐ liǎn, ránhòu shuā yá.

그는 먼저 세수를 하고, 그 다음에 이를 닦는다.

因为…所以… ~이기 때문에, 그래서 ~

我不会开汽车	坐火车去
wǒ bú huì kāi qìchē	zuò huǒchē qù
나는 차를 운전하지 못한다	기차를 타고 간다

▼

因为 + 我不会开汽车, 所以 + 坐火车去。
Yīnwèi + wǒ bú huì kāi qìchē, suǒyǐ + zuò huǒchē qù.
나는 차를 운전하지 못하기 때문에 기차를 타고 간다.

因为他作业非常多, 所以不能出去玩儿。
Yīnwèi tā zuòyè fēicháng duō, suǒyǐ bù néng chūqù wánr.
그는 숙제가 매우 많기 때문에, 나가서 놀 수 없다.

因为他成绩不好, 所以努力学习。
Yīnwèi tā chéngjì bù hǎo, suǒyǐ nǔlì xuéxí.
그는 성적이 좋지 않기 때문에, 열심히 공부한다.

因为天气太热, 所以我们早点儿回家了。
Yīnwèi tiānqì tài rè, suǒyǐ wǒmen zǎodiǎnr huíjiā le.
날씨가 너무 더워서 우리는 좀 일찍 집으로 돌아갔다.

因为我不会开汽车, 所以坐火车去。
Yīnwèi wǒ bú huì kāi qìchē, suǒyǐ zuò huǒchē qù.
나는 차를 운전하지 못하기 때문에 기차를 타고 간다.

연습문제 1

한자를 따라 써 보고, 빈칸에 들어갈 병음이나 뜻을 채워 봅시다.

热	1 덥다, 뜨겁다	问	wèn 2
而且	3 게다가, 또한	如果	rúguǒ 4
马上	mǎshàng 5	亲自	qīnzì 6
虽然	7 비록 ~하지만	但是	8 그러나, 그렇지만
首先	shǒuxiān 9	然后	ránhòu 10
屋子	wūzi 11	因为	12 왜냐하면
所以	suǒyǐ 13	成绩	14 성적

---

1 rè   2 묻다, 질문하다   3 érqiě
4 만약   5 즉시, 바로   6 직접
7 suīrán   8 dànshì   9 가장 먼저
10 그런 후에, 그 다음에 11 방   12 yīnwèi
13 그래서   14 chéngjì

연습문제 2

뜻을 보고 알맞은 문장과 병음을 써 봅시다.

1 오늘은 무척 더울 뿐 아니라 비도 많이 온다.

문장
쓰기

병음
쓰기

2 이 요리는 맛있을 뿐 아니라 값도 싸다.

3 만약 내일 야근을 하지 않는다면, 우리 영화관에 가자.

4 만약 선생님이 직접 그에게 물어본다면, 그는 사실대로 말할 것이다.

---

1 今天不但非常热，而且下大雨。Jīntiān búdàn fēicháng rè, érqiě xià dàyǔ.

2 这个菜不但好吃，而且便宜。Zhè ge cài búdàn hǎochī, érqiě piányi.

3 如果明天不加班的话，我们去电影院吧。
Rúguǒ míngtiān bù jiābān dehuà, wǒmen qù diànyǐngyuàn ba.

4 如果老师亲自问他的话，他就说实话。
Rúguǒ lǎoshī qīnzì wèn tā dehuà, tā jiù shuō shíhuà.

5 그녀는 비록 중국에 가 본 적이 없지만, 중국어를 할 수 있다.

문장
쓰기

병음
쓰기

6 나는 비록 차를 운전하지는 못하지만, 자전거는 탈 수 있다.

7 비록 그는 축구를 좋아하지만, (축구를) 하지는 못한다.

8 우리는 먼저 방을 청소하고, 그 다음에 빨래를 하자.

---

5 她虽然没去过中国，但是她会说汉语。
Tā suīrán méi qùguo Zhōngguó, dànshì tā huì shuō Hànyǔ.

6 我虽然不会开汽车，但是会骑自行车。Wǒ suīrán bú huì kāi qìchē, dànshì huì qí zìxíngchē.

7 虽然他很喜欢足球，但是他不会踢。Suīrán tā hěn xǐhuan zúqiú, dànshì tā bú huì tī.

8 我们首先打扫屋子，然后洗衣吧。Wǒmen shǒuxiān dǎsǎo wūzi, ránhòu xǐyī ba.

9 나는 먼저 회화를 연습하고, 그 다음에 글자 쓰기를 연습한다.

문장
쓰기

병음
쓰기

10 그는 숙제가 매우 많기 때문에, 나가서 놀 수 없다.

11 그는 성적이 좋지 않기 때문에, 열심히 공부한다.

12 날씨가 너무 더워서 우리는 좀 일찍 집으로 돌아갔다.

---

9 我首先练习口语，然后练习写字。 Wǒ shǒuxiān liànxí kǒuyǔ, ránhòu liànxí xiě zì.

10 因为他作业非常多，所以不能出去玩儿。
Yīnwèi tā zuòyè fēicháng duō, suǒyǐ bù néng chūqù wánr.

11 因为他成绩不好，所以努力学习。 Yīnwèi tā chéngjì bù hǎo, suǒyǐ nǔlì xuéxí.

12 因为天气太热，所以我们早点儿回家了。
Yīnwèi tiānqì tài rè, suǒyǐ wǒmen zǎodiǎnr huíjiā le.

11강 비교 표현

전치사 '比'를 사용하여 여러 대상을 비교하는 표현을 배워 봅시다.

단어 체크

比 bǐ ~에 비해, ~보다

少 shǎo 적다

小 xiǎo 작다, 어리다

容易 róngyì 쉽다

把 bǎ
(손잡이가 있는 기구 등을 세는 양사) 자루

椅子 yǐzi 의자

大衣 dàyī 외투

长 cháng 길다

'比'를 사용한 비교 표현

'比'는 '~에 비해', '~보다'라는 뜻을 가진 전치사로, 주어와 비교되는 대상 앞에 씁니다.

> **我 + 比 + 他**
> wǒ + bǐ + tā
> 나는 그 사람보다

비교한 결과가 어떠한지는 비교 대상 뒤에 씁니다.

> **我比他 + 忙。**
> Wǒ bǐ tā + máng.
> 나는 그보다 + 바쁘다.

> **她比我 + 漂亮。**
> Tā bǐ wǒ + piàoliang.
> 그녀는 나보다 + 예쁘다.

> **今天作业比昨天 + 少。**
> Jīntiān zuòyè bǐ zuótiān + shǎo.
> 오늘 숙제는 어제보다 + 적다.

주어와 비교 대상의 차이는 비교 결과 뒤에 씁니다.

> **弟弟比我 + 小 + 两岁。**
> Dìdi bǐ wǒ + xiǎo + liǎng suì.
> 남동생은 나보다 + 어리다 + 두 살
> ▸ 남동생은 나보다 두 살 어리다.

> **我比他 + 多喝了 + 三杯酒。**
> Wǒ bǐ tā + duō hē le + sān bēi jiǔ.
> 나는 그보다 + 많이 마셨다 + 술 세 잔
> ▸ 나는 그보다 술 세 잔을 더 많이 마셨다.

| 문장 연습 |

▪ 我比他忙。
Wǒ bǐ tā máng.
나는 그보다 바쁘다.

▪ 她比我漂亮。
Tā bǐ wǒ piàoliang.
그녀는 나보다 예쁘다.

▪ 今天作业比昨天少。
Jīntiān zuòyè bǐ zuótiān shǎo.
오늘 숙제는 어제보다 적다.

▪ 汉语比英语容易。
Hànyǔ bǐ Yīngyǔ róngyì.
중국어는 영어보다 쉽다.

▪ 今天天气比昨天好。
Jīntiān tiānqì bǐ zuótiān hǎo.
오늘 날씨는 어제보다 좋다.

这件衣服比那件大。
Zhè jiàn yīfu bǐ nà jiàn dà.
이 옷은 그것(그 옷)보다 크다.

这张桌子比那把椅子贵。
Zhè zhāng zhuōzi bǐ nà bǎ yǐzi guì.
이 탁자는 그 의자보다 비싸다.

弟弟比我小两岁。
Dìdi bǐ wǒ xiǎo liǎng suì.
남동생은 나보다 두 살 어리다.

我比他多喝了三杯酒。
Wǒ bǐ tā duō hē le sān bēi jiǔ.
나는 그보다 술 세 잔을 더 많이 마셨다.

那件大衣比这件长一点儿。
Nà jiàn dàyī bǐ zhè jiàn cháng yìdiǎnr.
그 외투는 이것(이 외투)보다 조금 길다.

연습문제 1

한자를 따라 써 보고, 빈칸에 들어갈 병음이나 뜻을 채워 봅시다.

比　　bǐ
　　　1

少　　2
　　　적다

小　　3
　　　작다, 어리다

把　　bǎ
　　　4

长　　cháng
　　　5

容易　róngyì
　　　6

椅子　7
　　　의자

大衣　8
　　　외투

---

1 ~에 비해, ~보다　　2 shǎo　　　3 xiǎo

4 자루　　　　　　　5 길다　　　　6 쉽다

7 yǐzi　　　　　　　8 dàyī

연습문제 2

뜻을 보고 알맞은 문장과 병음을 써 봅시다.

1 오늘 숙제는 어제보다 적다.

문장
쓰기

병음
쓰기

2 이 탁자는 그 의자보다 비싸다.

3 남동생은 나보다 두 살 어리다.

4 그 외투는 이것(이 외투)보다 조금 길다.

---

1 今天作业比昨天少。 Jīntiān zuòyè bǐ zuótiān shǎo.

2 这张桌子比那把椅子贵。 Zhè zhāng zhuōzi bǐ nà bǎ yǐzi guì.

3 弟弟比我小两岁。 Dìdi bǐ wǒ xiǎo liǎng suì.

4 那件大衣比这件长一点儿。 Nà jiàn dàyī bǐ zhè jiàn cháng yìdiǎnr.

12강 **문법 편 복습**

1강 **완료형, 경험형**

빈칸에 들어갈 단어를 알맞게 채워 봅시다.

한자	병음	뜻
1 了	le	
2 坐	zuò	
3	gōnggòngqìchē	버스
4 喝		마시다
5 过		~한 적이 있다
6	qù	가다
7 学		배우다
8	méiyǒu	~하지 않았다, ~가 없다

---

1 ~했다 2 타다, 앉다 3 公共汽车 4 hē 5 guo 6 去 7 xué 8 没有

114

원어민 음성을 듣고 빈칸을 채워 봅시다.

1 我 ⬚⬚⬚ 两个面包。

2 我写了 ⬚⬚⬚ 信。

3 我看过 ⬚⬚⬚ 电影。

4 我妹妹 ⬚⬚⬚ 英国。

5 昨天他们 ⬚⬚⬚ 中国。

6 他 ⬚⬚⬚ 法语。

7 我 ⬚⬚⬚ 她的歌。

---

1 吃了 2 一封 3 那部 4 去过 5 没来 6 没学过 7 没听过

빈칸에 들어갈 단어를 알맞게 채워 봅시다.

한자	병음	뜻
1 正在	zhèngzài	
2	zhèng	~하고 있다
3 中文书		중국어로 된 책
4 晚饭		저녁밥
5	zuò	하다
6 工作	gōngzuò	
7	shénme	무슨
8 打	dǎ	

---

1 (지금) ~하고 있다 2 正 3 Zhōngwén shū 4 wǎnfàn 5 做 6 일, 일하다 7 什么
8 운동하다, 때리다

원어민 음성을 듣고 빈칸을 채워 봅시다.

1 我哥哥 ▨▨▨ 听音乐。

2 我 ▨▨▨ 汉语课呢。

3 我在吃 ▨▨▨ 。

4 他们在 ▨▨▨ 呢。

5 你在看 ▨▨▨ 呢?

6 你正在看 ▨▨▨ ?

7 他 ▨▨▨ 英语, 他在打乒乓球。

---

1 正在 2 在听 3 晚饭呢 4 做工作 5 什么书 6 电视吗 7 没学习

3강 **의문문**

빈칸에 들어갈 단어를 알맞게 채워 봅시다.

한자	병음	뜻
1	háizi	아이, 자녀
2	xiànzài	지금
3 小时	xiǎoshí	
4	zhīdào	알다
5 念		(소리 내어) 읽다
6 办	bàn	
7 还		아직
8 怎么样		어떠하다

---

1 孩子 2 现在 3 시간(단위) 4 知道 5 niàn 6 처리하다, 하다 7 hái 8 zěnmeyàng

원어민 음성을 듣고 빈칸을 채워 봅시다.

1 你 _____ 家?
....

2 她 _____ 孩子?
....

3 你家有 _____ 人?
....

4 你一天学习 _____ 小时?
....

5 这件衣服 _____ ?
....

6 他怎么 _____ ?
....

7 今天天气 _____ ?
....

1 在不在 2 有没有 3 几口 4 几个 5 怎么穿 6 还没来 7 怎么样

4강 부사

빈칸에 들어갈 단어를 알맞게 채워 봅시다.

한자	병음	뜻
1 非常	fēicháng	
2 就		바로
3	hòu	후의, 다음의
4	wèishénme	왜
5 告诉	gàosu	
6 这么	zhème	
7 一定		반드시
8	tèbié	특히, 특별히

---

1 매우, 아주 2 jiù 3 后 4 为什么 5 알려 주다 6 이렇게 7 yídìng 8 特别

원어민 음성을 듣고 빈칸을 채워 봅시다.

1 我女朋友 ⬜⬜ 漂亮。

2 我回家后 ⬜⬜ 健身房。

3 天气为什么 ⬜⬜⬜ ?

4 我们 ⬜⬜⬜ 中国电视剧。

5 这件事你 ⬜⬜⬜ 告诉他。

6 我 ⬜⬜ 喜欢秋天。

7 我 ⬜⬜ 那本书。

---

1 非常 2 就去 3 这么冷 4 常常看 5 一定要 6 特别 7 又看了

5강 **관형어**

빈칸에 들어갈 단어를 알맞게 채워 봅시다.

한자	병음	뜻
1 红色		빨간색
2	shàngbān	출근하다
3	shíhou	때, 무렵
4 买		사다
5 里	li	
6	shéi	누구
7 尝	cháng	
8 蛋糕	dàngāo	

---

1 hóngsè 2 上班 3 时候 4 mǎi 5 안, 속 6 谁 7 맛보다 8 케이크

원어민 음성을 듣고 빈칸을 채워 봅시다.

1 那是我昨天 ⬛⬛⬛ 手表。

---

2 你穿的衣服 ⬛⬛⬛ 。

---

3 ⬛⬛⬛ 的人是谁?

---

4 我姐姐 ⬛⬛⬛ 你尝尝吧。

---

5 我 ⬛⬛⬛ 运动就是足球。

---

6 你 ⬛⬛ 的书是什么?

---

7 今天下班的 ⬛⬛ , 我喝了一杯咖啡。

---

1 买的 2 很漂亮 3 房间里 4 做的菜 5 喜欢的 6 包里 7 时候

6강 조동사

빈칸에 들어갈 단어를 알맞게 채워 봅시다.

한자	병음	뜻
1	néng	~할 수 있다
2 想	xiǎng	
3	yuēhuì	약속
4 便宜	piányi	
5	yìdiǎnr	조금
6 会		~할 수 있다, ~할 것이다
7 要	yào	
8	kěyǐ	~해도 된다

---

1 能 2 ~하고 싶다 3 约会 4 싸다 5 一点儿 6 huì 7 ~할 것이다, ~해야 한다 8 可以

원어민 음성을 듣고 빈칸을 채워 봅시다.

1 我 　　　　 日本菜。

....

2 他明天有约会, 　　　　　 我家。

....

3 我 　　　 英语。

....

4 明天早上会 　　　　　 。

....

5 我 　　　 汉语课。

....

6 那件毛衣你可以 　　　　　 。

....

7 那是 　　　　　 。

....

1 很想吃 2 不能来 3 会说 4 下雪的 5 要听 6 穿一穿 7 应该的

7강 어기조사 了

빈칸에 들어갈 단어를 알맞게 채워 봅시다.

한자	병음	뜻
1	péngyou	친구
2 晴		하늘이 맑다
3 时间		시간
4 早	zǎo	
5	pàng	뚱뚱하다
6 个子	gèzi	
7	bié	~하지 마라
8 今年		올해

---

1 朋友 2 qíng 3 shíjiān 4 (때가) 이르다 5 胖 6 키, 신장 7 别 8 jīnnián

원어민 음성을 듣고 빈칸을 채워 봅시다.

1 天气 ＿＿＿＿＿ 。

2 ＿＿＿＿＿＿ ?

3 时间 ＿＿＿＿＿＿ 。

4 那个孩子 ＿＿＿＿＿＿ 了。

5 ＿＿＿＿＿ 。

6 我今年 ＿＿＿＿＿＿ 。

7 ＿＿＿＿ 中国朋友了。

---

1 冷了 2 怎么了 3 不早了 4 个子高 5 别吃了 6 二十岁了 7 我有

8강 전치사

빈칸에 들어갈 단어를 알맞게 채워 봅시다.

한자	병음	뜻
1	gēn	~와
2 一起		같이, 함께
3 对	duì	
4	gěi	~에게
5	wèi	~을 위해
6	jiànmiàn	만나다
7	cóng	~부터, ~에서부터
8 开始		시작하다

1 跟 2 yìqǐ 3 ~에게, ~에 대해 4 给 5 为 6 见面 7 从 8 kāishǐ

원어민 음성을 듣고 빈칸을 채워 봅시다.

1 我 [   ] 去过伦敦。

....

2 她 [   ] 很好。

....

3 我 [   ] 打电话了。

....

4 [   ] 汉语，我借了几本中文书。

....

5 我们 [   ] 见面?

....

6 我们公司 [   ] 很近。

....

7 我 [   ] 开始学习汉语。

....

1 跟姐姐 2 对我 3 给他 4 为了学习 5 在哪儿 6 离这儿 7 从去年

9강 결과보어

빈칸에 들어갈 단어를 알맞게 채워 봅시다.

한자	병음	뜻
1	wán	끝나다
2 都	dōu	
3 需要	xūyào	
4 懂		이해하다
5	kěndìng	분명히, 확실히
6 想	xiǎng	
7 找	zhǎo	
8 记	jì	

---

1 完 2 모두, 다 3 필요하다 4 dǒng 5 肯定 6 생각하다 7 찾다 8 기억하다

원어민 음성을 듣고 빈칸을 채워 봅시다.

1 你的作业 _____ 吗?

....

2 _____ 你听懂了吗?

....

3 他肯定 _____ 我的声音。

....

4 我 _____ 他已经回国了。

....

5 她终于 _____ 钥匙。

....

6 我 _____ 广播。

....

7 我 _____ 开车了。

....

---

1 做完了 2 我的话 3 听到了 4 没想到 5 找到了 6 听见 7 学会

빈칸에 들어갈 단어를 알맞게 채워 봅시다.

한자	병음	뜻
1 而且		게다가, 또한
2	rúguǒ	만약
3	mǎshàng	즉시, 바로
4 虽然		비록 ~하지만
5 但是	dànshì	
6 然后		그런 후에, 그 다음에
7 因为	yīnwèi	
8 所以	suǒyǐ	

---

1 érqiě 2 如果 3 马上 4 suīrán 5 그러나, 그렇지만 6 ránhòu 7 왜냐하면 8 그래서

원어민 음성을 듣고 빈칸을 채워 봅시다.

1 这个菜不但好吃，⬚⬚⬚⬚⬚⬚⬚。

2 ⬚⬚⬚你不来⬚⬚⬚，马上给我打电话。

3 如果老师亲自问他⬚⬚⬚，他就说实话。

4 她⬚⬚⬚没去过中国，但是她会说汉语。

5 我⬚⬚⬚在市场买东西，然后回家做菜。

6 我⬚⬚⬚练习口语，⬚⬚⬚练习写字。

7 ⬚⬚⬚他作业非常多，所以不能出去玩儿。

---

1 而且便宜　2 如果/的话　3 的话　4 虽然　5 首先　6 首先/然后　7 因为

빈칸에 들어갈 단어를 알맞게 채워 봅시다.

한자	병음	뜻
1	bǐ	~에 비해, ~보다
2 少	shǎo	
3 小	xiǎo	
4 容易		쉽다
5 把	bǎ	
6 椅子		의자
7 大衣	dàyī	
8	cháng	길다

---

1 比 2 적다 3 작다, 어리다 4 róngyì 5 자루 6 yǐzi 7 외투 8 长

원어민 음성을 듣고 빈칸에 알맞은 단어를 써 봅시다.

1 她 ⬜⬜ 漂亮。

2 汉语 ⬜⬜⬜ 容易。

3 今天天气 ⬜⬜⬜ 好。

4 这件衣服 ⬜⬜⬜ 大。

5 这张桌子比 ⬜⬜⬜⬜ 贵。

6 弟弟比我 ⬜⬜⬜ 。

7 我比他 ⬜⬜⬜ 三杯酒。

---

1 比我 2 比英语 3 比昨天 4 比那件 5 那把椅子 6 小两岁 7 多喝了

회화

일빵빵 기초 클리어 중국어

13강 你好
안녕하세요

인사 표현

你好。 Nǐ hǎo.	안녕하세요.
老师好。 Lǎoshī hǎo.	선생님, 안녕하세요.
大家好。 Dàjiā hǎo.	여러분, 안녕하세요.
晚安。 Wǎn'ān.	안녕히 주무세요.
再见。 Zàijiàn.	안녕. (헤어질 때)
明天见。 Míngtiān jiàn.	내일 만나요.
周末见。 Zhōumò jiàn.	주말에 만나요.

早上好。

Zǎoshang hǎo.　　안녕하세요. (아침 인사)

中午好。

Zhōngwǔ hǎo.　　안녕하세요. (점심 인사)

晚上好。

Wǎnshang hǎo.　　안녕하세요. (저녁 인사)

辛苦了。

Xīnkǔ le.　　수고하셨습니다.

慢走。

Mànzǒu.　　살펴 가세요.

• 中午 zhōngwǔ 정오　晚上 wǎnshang 저녁, 밤　辛苦 xīnkǔ 고생하다

단어 체크

大家 dàjiā 모두, 다들　　　　　　周末 zhōumò 주말

기본 대화 표현

好。| 是的。 Hǎo. | Shì de.	네.
对。 Duì.	맞아요.
不。| 不是。| 不对。 Bù. | Bú shì. | Bú duì.	아니요.
知道了。 Zhīdào le.	알겠습니다.
不知道。 Bù zhīdào.	모르겠습니다.
不行。| 不可以。 Bù xíng. | Bù kěyǐ.	안 됩니다.

请您说慢一点儿。

Qǐng nín shuō màn yìdiǎnr.　　좀 천천히 말씀해 주세요.

请再说一次。

Qǐng zài shuō yí cì.　　다시 한번 말씀해 주세요.

我听不懂。

Wǒ tīngbudǒng.　　잘 못 알아듣겠어요.

这是什么意思?

Zhè shì shénme yìsi?　　이게 무슨 뜻이에요?

· 请 qǐng 부탁하다　您 nín 당신(존칭)　慢 màn 느리다, 천천히 하다

　次 cì 번, 차례　意思 yìsi 의미, 뜻

＊听不懂 tīngbudǒng

동사와 보어 사이에 '不(bù)'가 들어가면 불가능을, '得(de)'가 들어가면 가능

을 나타냅니다. 여기서 'A不B'는 'A했지만 B하지 못하다'라는 뜻으로, 들었지

만(听) 이해하지 못했다는(不懂) 의미입니다.

단어 체크

行 xíng ~해도 좋다

연습문제 1

한자를 따라 써 보고, 빈칸에 들어갈 병음이나 뜻을 재워 봅시다.

行　xíng
　　1 ＿＿＿＿＿

大家　dàjiā
　　　2 ＿＿＿＿＿

周末　3 ＿＿＿＿＿
　　　주말

연습문제 2

뜻을 보고 알맞은 문장과 병음을 써 봅시다.

1 안녕하세요.

문장
쓰기

병음
쓰기

2 여러분, 안녕하세요.

---

1 ~해도 좋다　　　2 모두, 다들　　　3 zhōumò

1 你好。 Nǐ hǎo.

2 大家好。 Dàjiā hǎo.

142

3 안녕히 주무세요.

문장
쓰기

병음
쓰기

4 안녕. (헤어질 때)

5 내일 만나요.

6 알겠습니다.

---

3 晚安。 Wǎn'ān.

4 再见。 Zàijiàn.

5 明天见。 Míngtiān jiàn.

6 知道了。 Zhīdào le.

14강 谢谢
감사합니다

> 감사와 사과 표현

谢谢。 Xièxie.	감사합니다.
不客气。 Bú kèqi.	('감사합니다'에 대한 대답으로) 천만에요.
对不起。 Duìbuqǐ.	죄송합니다.
不好意思。 Bùhǎoyìsi.	미안합니다.
没关系。 Méi guānxi.	('죄송합니다, 미안합니다'에 대한 대답으로) 괜찮습니다.

**표현
플러스+**

谢谢你帮助我。

Xièxie nǐ bāngzhù wǒ. 도와주셔서 감사합니다.

对不起，迟到了。

Duìbuqǐ, chídào le.   늦어서 죄송합니다.

· **帮助** bāngzhù 돕다

축하 표현

恭喜恭喜。
Gōngxǐ gōngxǐ.

축하합니다.

恭喜你结婚。
Gōngxǐ nǐ jiéhūn.

결혼 축하합니다.

恭喜你荣升。
Gōngxǐ nǐ róngshēng.

승진 축하합니다.

祝你生日快乐。
Zhù nǐ shēngrì kuàilè.

생일 축하합니다.

단어 체크

恭喜 gōngxǐ 축하하다
结婚 jiéhūn 결혼하다
荣升 róngshēng 승진하다

祝 zhù 축하하다, 기원하다
生日 shēngrì 생일
快乐 kuàilè 즐겁다, 행복하다

인사와 안부 표현

欢迎欢迎!
Huānyíng huānyíng!

환영합니다!

认识你很高兴。
Rènshi nǐ hěn gāoxìng.

만나서 반갑습니다.

初次见面。
Chūcì jiànmiàn.

처음 뵙겠습니다.

久仰久仰。
Jiǔyǎng jiǔyǎng.

말씀 많이 들었습니다.

好久不见。
Hǎojiǔ bújiàn.

오랜만입니다.

最近过得怎么样?
Zuìjìn guòde zěnmeyàng?

요즘 어떻게 지내세요?

你过得好吗?
Nǐ guòde hǎo ma?

잘 지냈어요?

我过得好。
Wǒ guòde hǎo.

잘 지내고 있어요.

중국어 새해 인사

新年快乐。

Xīnnián kuàilè.　　새해 복 많이 받으세요.

春节快乐。

Chūnjié kuàilè.　　설날 잘 보내세요.

万事如意。

Wànshì rúyì.　　모든 일이 뜻대로 이루어지길 바라요.

恭喜发财。

Gōngxǐ fācái.　　부자 되세요.

• 新年 xīnnián 새해, 신년　春节 chūnjié 설날, 춘절

---

*过得怎么样? 过得好! guòde zěnmeyàng? guòde hǎo!

'A得B'는 'A하는 정도가 B하다'라는 뜻으로, '过得怎么样'은 '지낸(过) 상

태가 어때요(怎么样), 어떻게 지내요?'라는 의미입니다.

'过得好'는 '지낸(过) 상태가 좋다(好), 잘 지내요'라는 의미입니다.

단어 체크

欢迎 huānyíng 환영하다　　初次 chūcì 처음, 첫 번째

认识 rènshi (길, 장소, 글, 사람 등을) 알다　　过 guò 지내다

연습문제 1

한자를 따라 써 보고, 빈칸에 들어갈 병음이나 뜻을 채워 봅시다.

祝	1 축하하다, 기원하다	过	guò 2
恭喜	3 축하하다	结婚	jiéhūn 4
荣升	róngshēng 5	生日	6 생일
快乐	7 즐겁다, 행복하다	欢迎	8 환영하다
认识	rènshi 9	初次	chūcì 10

---

1 zhù 2 지내다 3 gōngxǐ
4 결혼하다 5 승진하다 6 shēngrì
7 kuàilè 8 huānyíng 9 (길, 장소, 글, 사람 등을) 알다
10 처음, 첫 번째

연습문제 2

뜻을 보고 알맞은 문장과 병음을 써 봅시다.

1 감사합니다.

문장
쓰기

병음
쓰기

2 천만에요.

3 죄송합니다.

4 미안합니다.

---

1 谢谢。 Xièxie.

2 不客气。 Bú kèqi.

3 对不起。 Duìbuqǐ.

4 不好意思。 Bùhǎoyìsi.

5 괜찮습니다.

문장
쓰기

병음
쓰기

6 결혼 축하합니다.

7 생일 축하합니다.

8 환영합니다!

---

5 没关系。 Méi guānxi.

6 恭喜你结婚。 Gōngxǐ nǐ jiéhūn.

7 祝你生日快乐。 Zhù nǐ shēngrì kuàilè.

8 欢迎欢迎! Huānyíng huānyíng!

9 만나서 반갑습니다.

문장
쓰기

병음
쓰기

10 오랜만입니다.

11 요즘 어떻게 지내세요?

12 잘 지내고 있어요.

---

9 认识你很高兴。 Rènshi nǐ hěn gāoxìng.

10 好久不见。 Hǎojiǔ bújiàn.

11 最近过得怎么样? Zuìjìn guòde zěnmeyàng?

12 我过得好。 Wǒ guòde hǎo.

15강 我叫金民英
제 이름은 김민영입니다

자기소개하기

你叫什么名字?
Nǐ jiào shénme míngzi?

당신의 이름은 무엇인가요?

我叫金民英。
Wǒ jiào Jīn Mín Yīng.

제 이름은 김민영입니다.

今年多大?
Jīnnián duō dà?

올해 몇 살이세요?

我二十七岁。
Wǒ èr shí qī suì.

저는 27살이에요.

我今年三十岁了。
Wǒ jīnnián sān shí suì le.

저는 올해 30살이 되었습니다.

我上高中。
Wǒ shàng gāozhōng.

저는 고등학교에 다녀요.

我是大学三年级。
Wǒ shì dàxué sān niánjí.

저는 대학교 3학년입니다.

152

你是哪国人?
Nǐ shì nǎ guó rén?

어느 나라 사람이세요?

我是韩国人。
Wǒ shì Hánguórén.

저는 한국 사람입니다.

 표현 플러스+

多大年纪了?

Duō dà niánjì le?　　연세가 어떻게 되세요?

· 年纪 niánjì 나이

*多大 duō dà

'多(duō)'는 '많다'라는 의미도 있지만, 형용사 앞에 쓰면 '얼마나'라는 뜻의 의문을 나타낼 수 있습니다.

多长? Duō cháng?　　얼마나 길어요?

多高? Duō gāo?　　얼마나 (키가) 커요?

단어 체크

叫 jiào (~라고) 부르다
上 shàng 가다
高中 gāozhōng 고등학교
大学 dàxué 대학교

年级 niánjí 학년
哪 nǎ 무엇, 어느
国 guó 나라

153

你家有几口人？
Nǐ jiā yǒu jǐ kǒu rén?

가족이 몇 명이에요?

我家有四口人。
Wǒ jiā yǒu sì kǒu rén.

저희 가족은 4명입니다.

你做什么工作？
Nǐ zuò shénme gōngzuò?

무슨 일을 하세요?

我是护士。
Wǒ shì hùshi.

저는 간호사입니다.

我在做生意。
Wǒ zài zuò shēngyi.

저는 사업을 하고 있습니다.

你在哪儿工作？
Nǐ zài nǎr gōngzuò?

어디에서 일하세요?

我在银行工作。
Wǒ zài yínháng gōngzuò.

저는 은행에서 일합니다.

我家有三口人, 爸爸、妈妈、和我。

Wǒ jiā yǒu sān kǒu rén, bàba, māma, hé wǒ.

우리 가족은 아빠, 엄마, 그리고 저, 세 명입니다.

你是从哪儿来的?

Nǐ shì cóng nǎr lái de? 어디서 오셨어요?

我来自北京。

Wǒ láizì Běijīng.　　　저는 베이징에서 왔습니다.

· **爸爸** bàba 아빠 **和** hé ~와 **来自** láizì ~에서 오다

学生 xuésheng 학생 **医生** yīshēng 의사 **大夫** dàifu 의사

老师 lǎoshī 선생님 **律师** lǜshī 변호사 **厨师** chúshī 요리사

公司职员 gōngsīzhíyuán 회사원 **公务员** gōngwùyuán 공무원

运动员 yùndòngyuán 운동선수 **演员** yǎnyuán 배우 **画家** huàjiā 화가

作家 zuòjiā 작가 **家庭主妇** jiātíngzhǔfù 가정주부 **歌手** gēshǒu 가수

打工 dǎgōng 아르바이트하다

단어 체크

护士 hùshi 간호사　　　　　　　**银行** yínháng 은행
生意 shēngyi 사업

연습문제 1

한사를 따라 써 보고, 빈칸에 들어갈 병음이나 뜻을 채워 봅시다.

叫　jiào
　1

上　shàng
　2

哪　3
　무엇, 어느

国　4
　나라

高中　5
　고등학교

大学　6
　대학교

年级　niánjí
　7

护士　hùshi
　8

生意　shēngyi
　9

银行　10
　은행

---

1 (~라고) 부르다　　2 가다　　3 nǎ

4 guó　　5 gāozhōng　　6 dàxué

7 학년　　8 간호사　　9 사업

10 yínháng

연습문제 2

뜻을 보고 알맞은 문장과 병음을 써 봅시다.

1 당신의 이름은 무엇인가요?

문장
쓰기

병음
쓰기

2 올해 몇 살이세요?

3 어느 나라 사람이세요?

4 무슨 일을 하세요?

---

1 你叫什么名字? Nǐ jiào shénme míngzi?

2 今年多大? Jīnnián duō dà?

3 你是哪国人? Nǐ shì nǎ guó rén?

4 你做什么工作? Nǐ zuò shénme gōngzuò?

16강 今天几月几号?
오늘은 몇 월 며칠인가요?

> **날짜, 요일 표현**

今年二零一七年。
Jīnnián èr líng yī qī nián.

올해는 2017년입니다.

明年二零一八年。
Míngnián èr líng yī bā nián.

내년은 2018년입니다.

今天几月几号?
Jīntiān jǐ yuè jǐ hào?

오늘은 몇 월 며칠인가요?

今天六月九号。
Jīntiān liù yuè jiǔ hào.

오늘은 6월 9일입니다.

明天十月十五日。
Míngtiān shí yuè shí wǔ rì.

내일은 10월 15일이다.

今天星期几?
Jīntiān xīngqī jǐ?

오늘 무슨 요일인가요?

今天星期三。
Jīntiān xīngqīsān.

오늘은 수요일입니다.

明天周日。
Míngtiān zhōurì.

내일은 일요일입니다.

표현 플러스+ 날짜 '일'을 나타낼 때 회화체에서는 '号'를, 문어체에서는 '日'를 씁니다.

你的生日几月几号?

Nǐ de shēngrì jǐ yuè jǐ hào?　　당신의 생일은 언제인가요?

八月二十号。

Bā yuè èr shí hào.　　8월 20일입니다.

我的生日下星期二。

Wǒ de shēngrì xiàxīngqī'èr.　　내 생일은 다음 주 화요일입니다.

· 下星期 xiàxīngqī 다음 주

단어 체크

零 líng 숫자 0	星期 xīngqī 요일, 주(날짜)
年 nián 년(날짜)	星期三 xīngqīsān 수요일
明年 míngnián 내년	周日 zhōurì 일요일
日 rì 일(날짜)	

시간 표현

现在几点?
Xiànzài jǐ diǎn?

지금 몇 시인가요?

现在两点十分。
Xiànzài liǎng diǎn shí fēn.

지금은 2시 10분입니다.

现在差五分四点。
Xiànzài chà wǔ fēn sì diǎn.

지금은 4시 5분 전입니다.

六点半。
Liù diǎn bàn.

6시 반입니다.

四点一刻。
Sì diǎn yíkè.

4시 15분입니다.

你几点上班?
Nǐ jǐ diǎn shàngbān?

몇 시에 출근하세요?

我早上八点上班。
Wǒ zǎoshang bā diǎn shàngbān.

저는 아침 8시에 출근합니다.

晚上几点睡觉?

Wǎnshang jǐ diǎn shuìjiào?

저녁에 몇 시에 자요?

我大概十一点睡觉。

Wǒ dàgài shí yī diǎn shuìjiào.

저는 열한 시쯤에 자요.

표현 플러스+	**两点** liǎng diǎn 시간 '2시'를 나타낼 때에는 '二点'이 아니라 '两点'이라고 합니다.

단어 플러스+	**星期一** xīngqīyī 월요일 **星期二** xīngqī'èr 화요일 **星期三** xīngqīsān 수요일
	星期四 xīngqīsì 목요일 **星期五** xīngqīwǔ 금요일 **星期六** xīngqīliù 토요일
	星期天/星期日 xīngqītiān/xīngqīrì 일요일
	周一 zhōuyī 월요일 **周二** zhōu'èr 화요일 **周三** zhōusān 수요일
	周四 zhōusì 목요일 **周五** zhōuwǔ 금요일 **周六** zhōuliù 토요일
	周日 zhōurì 일요일

단어 체크

分 fēn 분(시간)

差 chà 부족하다, 차이가 나다

半 bàn 절반

一刻 yíkè 15분(시간)

晚上 wǎnshang 저녁, 밤

睡觉 shuìjiào 자다

大概 dàgài 대략, 아마

연습문제 1

한자를 따라 써 보고, 빈칸에 들어갈 병음이나 뜻을 채워 봅시다.

零   1   숫자 0

年   2   년(날짜)

日   3   일(날짜)

分   4   분(시간)

差   chà   5

半   6   절반

明年   míngnián   7

星期   xīngqī   8

周日   9   일요일

一刻   yíkè   10

晚上   wǎnshang   11

睡觉   shuìjiào   12

大概   13   대략, 아마

---

1 líng   2 nián   3 rì

4 fēn   5 부족하다, 차이가 나다   6 bàn

7 내년   8 요일, 주(날짜)   9 zhōurì

10 15분(시간)   11 저녁, 밤   12 자다

13 dàgài

연습문제 2

뜻을 보고 알맞은 문장과 병음을 써 봅시다.

1 올해는 2017년입니다.

문장
쓰기

병음
쓰기

2 오늘은 몇 월 며칠인가요?

3 오늘은 6월 9일입니다.

4 오늘 무슨 요일인가요?

---

1 今年二零一七年。 Jīnnián èr líng yī qī nián.

2 今天几月几号? Jīntiān jǐ yuè jǐ hào?

3 今天六月九号。 Jīntiān liù yuè jiǔ hào.

4 今天星期几? Jīntiān xīngqī jǐ?

5 오늘은 수요일입니다.

문장
쓰기

병음
쓰기

6 지금 몇 시인가요?

7 지금은 2시 10분입니다.

8 지금은 4시 5분 전입니다.

---

5 今天星期三。 Jīntiān xīngqīsān.

6 现在几点? Xiànzài jǐ diǎn?

7 现在两点十分。 Xiànzài liǎng diǎn shí fēn.

8 现在差五分四点。 Xiànzài chà wǔ fēn sì diǎn.

9 몇 시에 출근하세요?

문장
쓰기

병음
쓰기

10 저는 아침 8시에 출근합니다.

11 저녁에 몇 시에 자요?

12 저는 열한 시쯤에 자요.

---

9 你几点上班? Nǐ jǐ diǎn shàngbān?

10 我早上八点上班。 Wǒ zǎoshang bā diǎn shàngbān.

11 晚上几点睡觉? Wǎnshang jǐ diǎn shuìjiào?

12 我大概十一点睡觉。 Wǒ dàgài shí yī diǎn shuìjiào.

17강 今天天气怎么样?
오늘 날씨가 어때요?

날씨 표현

今天天气怎么样? Jīntiān tiānqì zěnmeyàng?	오늘 날씨가 어때요?
今天天气很好。 Jīntiān tiānqì hěn hǎo.	오늘은 날씨가 좋아요.
今天天阴了。 Jīntiān tiān yīn le.	오늘은 날씨가 흐려요.
下午会下雪的。 Xiàwǔ huì xià xuě de.	오후에 눈이 올 거예요.
沙尘暴很严重。 Shāchénbào hěn yánzhòng.	황사가 심해요.
明天天气怎么样? Míngtiān tiānqì zěnmeyàng?	내일 날씨가 어떻대요?
听说明天比今天冷。 Tīngshuō míngtiān bǐ jīntiān lěng.	내일은 오늘보다 춥대요.

最近天气太热了。
Zuìjìn tiānqì tài rè le.

요즘 날씨가 너무 더워요.

最近天气冷，小心感冒。
Zuìjìn tiānqì lěng, xiǎoxīn gǎnmào.

요즘 날씨가 추우니 감기 조심하세요.

**표현
플러스+** 听说明天早上下雨。别忘了带伞。

Tīngshuō míngtiān zǎoshang xià yǔ. Bié wàng le dài sǎn.

내일 아침에 비가 온대요. 우산 가져가는 거 잊지 마세요.

• 忘 wàng 잊다　带 dài 가지다, 지니다　伞 sǎn 우산

**단어
플러스+** 大雨 dàyǔ 큰 비　大雪 dàxuě 큰 눈　刮风 guā fēng 바람이 불다

台风 táifēng 태풍　天气预报 tiānqìyùbào 일기 예보

단어 체크

阴 yīn (날씨가) 흐리다	听说 tīngshuō 듣자 하니
下午 xiàwǔ 오후	太 ~ 了 tài ~ le 매우 ~하다
沙尘暴 shāchénbào 황사	小心 xiǎoxīn 조심하다
严重 yánzhòng 심각하다	感冒 gǎnmào 감기

연습문제 1

한자를 따라 써 보고, 빈칸에 들어갈 병음이나 뜻을 채워 봅시다.

yīn
1

xiàwǔ
2

3
심각하다

tīngshuō
4

xiǎoxīn
5

6
감기

7
황사

---

1 (날씨가) 흐리다 2 오후 3 yánzhòng
4 듣자 하니 5 조심하다 6 gǎnmào
7 shāchénbào

연습문제 2

뜻을 보고 알맞은 문장과 병음을 써 봅시다.

1 오늘은 날씨가 좋아요.

문장
쓰기

병음
쓰기

2 내일 날씨가 어떻대요?

3 내일은 오늘보다 춥대요.

4 요즘 날씨가 너무 더워요.

---

1 今天天气很好。 Jīntiān tiānqì hěn hǎo.
2 明天天气怎么样? Míngtiān tiānqì zěnmeyàng?
3 听说明天比今天冷。 Tīngshuō míngtiān bǐ jīntiān lěng.
4 最近天气太热了。 Zuìjìn tiānqì tài rè le.

18강 这个包多少钱?
이 가방은 얼마인가요?

> 물건 고르기

您在找什么?
Nín zài zhǎo shénme?

무엇을 찾으세요?

只是看看。
Zhǐshì kànkan.

그냥 둘러볼게요.

衣服在几楼?
Yīfu zài jǐ lóu?

옷은 몇 층에 있나요?

可以试一下吗?
Kěyǐ shì yíxià ma?

한번 입어 봐도 되나요?

试一下吧。
Shì yíxià ba.

입어 보세요.

没有红色的吗?
Méiyǒu hóngsè de ma?

빨간색은 없나요?

有没有其它颜色的?
Yǒu méiyǒu qítā yánsè de?

다른 색 있나요?

还有蓝色的。
Hái yǒu lánsè de.

파란색도 있습니다.

亮色的怎么样?
Liàngsè de zěnmeyàng?

밝은 색은 어떠세요?

我想去看别的商店。

Wǒ xiǎng qù kàn biéde shāngdiàn.　다른 가게도 둘러볼게요.

这个颜色我穿好看吗?

Zhè ge yánsè wǒ chuān hǎokàn ma?　이 색이 저에게 어울리나요?

没有别的款式吗?

Méiyǒu biéde kuǎnshì ma?　다른 스타일은 없나요?

• **别的** biéde 다른 것　**商店** shāngdiàn 상점, 가게　**好看** hǎokàn 보기 좋다

款式 kuǎnshì 스타일

단어 체크

您 nín 당신(존칭)		**其它** qítā 기타, 그 밖에	
只是 zhǐshì 그냥, 단지		**颜色** yánsè 색깔	
楼 lóu 층		**蓝色** lánsè 파란색	
试 shì 시험 삼아 해 보다		**亮色** liàngsè 밝은 색	

我想买暗色的。
Wǒ xiǎng mǎi ànsè de.

저는 어두운 색을 사고 싶어요.

有点儿大。
Yǒudiǎnr dà.

조금 커요.

太小了。
Tài xiǎo le.

너무 작아요.

有别的号型吗?
Yǒu biéde hàoxíng ma?

다른 사이즈가 있나요?

有更大的吗?
Yǒu gèng dà de ma?

더 큰 사이즈가 있나요?

有中号的吗?
Yǒu zhōnghào de ma?

중간 사이즈가 있나요?

没有更小的吗?
Méiyǒu gèng xiǎo de ma?

더 작은 사이즈는 없나요?

가격 묻기, 환불하기

这个包多少钱?
Zhè ge bāo duōshao qián?

이 가방은 얼마인가요?

三百块钱。
Sān bǎi kuài qián.

300위안입니다.

太贵了。
Tài guì le.

너무 비싸요.

有点儿贵。
Yǒudiǎnr guì.

조금 비싸요.

표현 플러스+

这条裤子能打折吗?

Zhè tiáo kùzi néng dǎzhé ma? 이 바지는 할인이 되나요?

能打八折。

Néng dǎ bā zhé.   20% 할인됩니다.

• **条** tiáo 바지 등 길고 가는 것을 세는 양사 **裤子** kùzi 바지

打折 dǎzhé 할인하다 **打八折** dǎ bā zhé 20% 할인

단어 체크

暗色 ànsè 어두운 색   **多少** duōshao 얼마
号型 hàoxíng 사이즈, 치수   **钱** qián 돈
中号 zhōnghào 중간 사이즈   **块** kuài 위안(화폐 단위)

再便宜点儿吧。
Zài piányi diǎnr ba.

조금 더 싸게 해 주세요.

能便宜点儿吗?
Néng piányi diǎnr ma?

좀 싸게 해 주실 수 있나요?

这个东西有问题。
Zhè ge dōngxi yǒu wèntí.

이 물건에 문제가 있어요.

能退款吗?
Néng tuìkuǎn ma?

환불 되나요?

不能退款。
Bù néng tuìkuǎn.

환불은 안 됩니다.

可以换别的吗?
Kěyǐ huàn biéde ma?

다른 걸로 바꿔도 되나요?

可以退还。
Kěyǐ tuìhuán.

교환 가능합니다.

给您退还一下。
Gěi nín tuìhuán yíxià.

교환해 드리겠습니다.

牛奶在哪儿?
Niúnǎi zài nǎr?

우유는 어디 있어요?

在那边的冰箱里。
Zài nàbiān de bīngxiāng li.

저쪽 냉장고 안에 있습니다.

这个矿泉水多少钱?
Zhè ge kuàngquánshuǐ duōshao qián?

이 생수는 얼마예요?

표현 플러스+

请给我退款。
Qǐng gěi wǒ tuìkuǎn.   환불해 주세요.

请给我换别的尺寸。
Qǐng gěi wǒ huàn biéde chǐcun.   다른 사이즈로 교환해 주세요.

可以换别的颜色吗?
Kěyǐ huàn biéde yánsè ma?   다른 색으로 교환해 주실 수 있나요?

· 尺寸 chǐcun 사이즈

단어 체크

退款 tuìkuǎn 환불하다
换 huàn 바꾸다, 교환하다
退还 tuìhuán 교환하다
牛奶 niúnǎi 우유

那边 nàbiān 저쪽, 그쪽
冰箱 bīngxiāng 냉장고
矿泉水 kuàngquánshuǐ 생수

有韩国方便面吗?
Yǒu Hánguó fāngbiànmiàn ma?

한국 라면 있나요?

一共多少钱?
Yígòng duōshao qián?

다 해서 얼마예요?

请装进袋里。
Qǐng zhuāngjìn dài li.

봉투에 담아 주세요.

可以用信用卡吗?
Kěyǐ yòng xìnyòngkǎ ma?

신용카드 되나요?

你好像找错钱了。
Nǐ hǎoxiàng zhǎo cuò qián le.

거스름돈이 안 맞는 것 같아요.

请给我收据。
Qǐng gěi wǒ shōujù.

영수증 주세요.

단어 체크

方便面 fāngbiànmiàn 라면		**信用卡** xìnyòngkǎ 신용카드	
一共 yígòng 모두, 전부		**好像** hǎoxiàng 마치 ~와 같다	
装进 zhuāngjìn 물건을 넣다		**找钱** zhǎoqián 거스름돈을 주다	
袋 dài 봉지, 주머니		**给** gěi 주다	
用 yòng 쓰다, 사용하다		**收据** shōujù 영수증	

중국의 화폐 단위

중국의 화폐 단위는 글로 쓸 때에는 '元(yuán)', '角(jiǎo)', '分(fēn)'으로 표기하고, 회화에서는 '块(kuài)', '毛(máo)', '分(fēn)'이라고 합니다.

1元은 1块와 같고, 1角는 1毛와 같습니다.

1元(块) = 10角(毛) = 100分

중국어로 숫자를 읽을 때 주의할 점

중국어는 한국어에서 한자로 숫자를 읽을 때와 같이 숫자를 읽고 쓰기 때문에 숫자 표현을 익히기에 크게 어렵지는 않습니다. 단, 한국어의 숫자 읽기와 달리 주의해야 할 점이 있습니다. 바로 숫자 중간에 '0'이 들어가는 경우입니다.

예를 들어 한국어로는 숫자 '307'을 '삼백칠'이라고 읽지만, 중국어에서는 가운데에 있는 '0'을 넣어서 '삼백영칠', 즉 '三百零七'라고 읽습니다. 아래 설명을 참고해서 중국어 숫자 읽기를 연습해 봅시다.

1) 세 자리 이상 숫자 사이에 '0'이 있을 때 '零(líng)'을 넣어서 읽는다.

예 809　　八百零九 bā bǎi líng jiǔ

　　 4076　　四千零七十六 sì qiān líng qī shí liù

2) '0'이 반복되어도 한 번만 읽는다.

예 6001　　六千零一 liù qiān líng yī

现金 xiànjīn 현금　刷卡 shuākǎ 카드로 결제하다　发票 fāpiào 영수증

买一送一 mǎi yī sòng yī 원 플러스 원

연습문제 1

한자를 따라 써 보고, 빈칸에 들어갈 병음이나 뜻을 채워 봅시다.

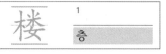

1 층

shì
2

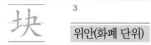

3 위안(화폐 단위)

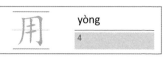

yòng
4

zhǐshì
5

6 색깔

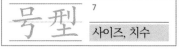

7 사이즈, 치수

duōshao
8

tuìkuǎn
9

10 냉장고

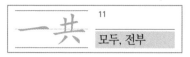

11 모두, 전부

hǎoxiàng
12

zhǎoqián
13

shōujù
14

---

1 lóu
2 시험 삼아 해 보다
3 kuài
4 쓰다, 사용하다
5 그냥, 단지
6 yánsè
7 hàoxíng
8 얼마
9 환불하다
10 bīngxiāng
11 yígòng
12 마치 ~와 같다
13 거스름돈을 주다
14 영수증

연습문제 2

뜻을 보고 알맞은 문장과 병음을 써 봅시다.

1 무엇을 찾으세요?

문장
쓰기

병음
쓰기

2 그냥 둘러볼게요.

3 한번 입어 봐도 되나요?

4 다른 색 있나요?

---

1 您在找什么? Nín zài zhǎo shénme?

2 只是看看。 Zhǐshì kànkan.

3 可以试一下吗? Kěyǐ shì yíxià ma?

4 有没有其它颜色的? Yǒu méiyǒu qítā yánsè de?

5 조금 커요.

문장
쓰기

병음
쓰기

6 너무 작아요.

7 다른 사이즈가 있나요?

8 중간 사이즈가 있나요?

---

5 有点儿大。Yǒudiǎnr dà.

6 太小了。Tài xiǎo le.

7 有别的号型吗? Yǒu biéde hàoxíng ma?

8 有中号的吗? Yǒu zhōnghào de ma?

9 이 가방은 얼마인가요?

문장 쓰기

병음 쓰기

10 300위안입니다.

11 조금 더 싸게 해 주세요.

12 좀 싸게 해 주실 수 있나요?

---

9 这个包多少钱? Zhè ge bāo duōshao qián?

10 三百块钱。 Sān bǎi kuài qián.

11 再便宜点儿吧。 Zài piányi diǎnr ba.

12 能便宜点儿吗? Néng piányi diǎnr ma?

13 이 물건에 문제가 있어요.

문장
쓰기

병음
쓰기

14 다른 걸로 바꿔도 되나요?

15 교환 가능합니다.

16 저쪽 냉장고 안에 있습니다.

---

13 这个东西有问题。 Zhè ge dōngxi yǒu wèntí.

14 可以换别的吗? Kěyǐ huàn biéde ma?

15 可以退还。 Kěyǐ tuìhuán.

16 在那边的冰箱里。 Zài nàbiān de bīngxiāng li.

17 다 해서 얼마예요?

18 봉투에 담아 주세요.

19 신용카드 되나요?

20 영수증 주세요.

---

17 一共多少钱? Yígòng duōshao qián?

18 请装进袋里。 Qǐng zhuāngjìn dài li.

19 可以用信用卡吗? Kěyǐ yòng xìnyòngkǎ ma?

20 请给我收据。 Qǐng gěi wǒ shōujù.

19강 来一个北京烤鸭
북경오리 하나 주세요

我想预约。
Wǒ xiǎng yùyuē.

예약하고 싶습니다.

六点可以预约吗?
Liù diǎn kěyǐ yùyuē ma?

6시에 예약 가능한가요?

七点可以预约。
Qī diǎn kěyǐ yùyuē.

7시에 예약 가능합니다.

能不能取消预约?
Néng bu néng qǔxiāo yùyuē?

예약을 취소할 수 있을까요?

几点开门?
Jǐ diǎn kāimén?

몇 시에 문을 여나요?

十点开门。
Shí diǎn kāimén.

10시에 문을 엽니다.

几点关门?
Jǐ diǎn guānmén?

몇 시에 문을 닫나요?

晚上十一点关门。
Wǎnshang shí yī diǎn guānmén.

밤 11시에 문을 닫습니다.

有位子吗?
Yǒu wèizi ma?
자리가 있나요?

有三个人坐的席位吗?
Yǒu sān ge rén zuò de xíwèi ma?
3명이 앉을 자리가 있나요?

我还要等多长时间?
Wǒ hái yào děng duō cháng shíjiān?
얼마나 더 기다려야 하나요?

要等十分钟左右。
Yào děng shí fēnzhōng zuǒyòu.
10분 정도 기다리셔야 합니다.

· **位子** wèizi 자리 **席位** xíwèi 좌석, 자리 **等** děng 기다리다

分钟 fēnzhōng 분(시간) **左右** zuǒyòu 정도, 쯤

단어 체크

预约 yùyuē 예약하다   开门 kāimén 문을 열다
取消 qǔxiāo 취소하다   关门 guānmén 문을 닫다

주문하기

请给看看菜单。
Qǐng gěi kànkan càidān.

메뉴판을 보여 주세요.

服务员，我要点菜。
Fúwùyuán, wǒ yào diǎn cài.

저기요, 주문할게요.

卖得最多的菜是什么?
Mài de zuì duō de cài shì shénme?

제일 많이 팔리는 음식이 뭔가요?

最快的是什么菜?
Zuì kuài de shì shénme cài?

제일 빨리 나오는 음식이 뭔가요?

我要这个。
Wǒ yào zhè ge.

저는 이걸로 할게요.

来一个北京烤鸭和一个红烧肉。
Lái yí ge Běijīng kǎoyā hé yí ge hóngshāoròu.

북경오리 하나랑 홍사오러우 하나 주세요.

표현 플러스⁺

这道菜放香菜吗?

Zhè dào cài fàng xiāngcài ma?　이 음식에 고수가 들어가나요?

这道菜辣吗?

Zhè dào cài là ma?　　　　이 음식은 매운가요?

我有花生过敏, 请不要放花生。

Wǒ yǒu huāshēng guòmǐn, qǐng bú yào fàng huāshēng.

저는 땅콩 알레르기가 있어요. 땅콩은 넣지 말아 주세요.

· 道 dào (양사) 요리　放 fàng 넣다　香菜 xiāngcài 고수　辣 là 맵다

花生 huāshēng 땅콩　过敏 guòmǐn 알레르기

---

* 卖得最多 mài de zuì duō

'A得B'는 'A하는 정도가 B하다'라는 뜻으로, '卖得最多'는 '팔리는(卖) 정

도가 가장 많다(最多), 가장 많이 팔리다'라는 의미입니다.

단어 플러스⁺

甜 tián 달다　酸 suān 시다　咸 xián 짜다　苦 kǔ 쓰다

단어 체크

菜单 càidān 메뉴, 식단　　　　快 kuài 빠르다

服务员 fúwùyuán 종업원　　　北京烤鸭 Běijīng kǎoyā

点 diǎn 주문하다　　　　　　　북경 오리(음식)

卖 mài 팔다　　　　　　　　　红烧肉 hóngshāoròu

最 zuì 가장　　　　　　　　　　홍사오러우(음식)

您还要别的吗?
Nín hái yào biéde ma?

더 필요한 것 있으세요?

不要了, 谢谢。
Bú yào le, xièxie.

괜찮아요. 감사합니다.

你想吃什么?
Nǐ xiǎng chī shénme?

무엇이 먹고 싶어요?

我想吃麻婆豆腐。
Wǒ xiǎng chī mápódòufu.

저는 마파두부가 먹고 싶습니다.

단어 플러스+

AA制 AA zhì 더치페이　啤酒 píjiǔ 맥주　葡萄酒 pútáojiǔ 포도주

白酒 báijiǔ 백주　牛肉 niúròu 소고기　猪肉 zhūròu 돼지고기

鸡肉 jīròu 닭고기　羊肉 yángròu 양고기　鲜鱼 xiānyú 생선

串 chuàn 꼬치　汤 tāng 탕, 국　排骨 páigǔ 갈비　米饭 mǐfàn 쌀밥

炒饭 chǎofàn 볶음밥　炒面 chǎomiàn 볶음면　饺子 jiǎozi 교자 만두

很好吃。
Hěn hǎochī.

맛있어요.

有点儿咸。
Yǒudiǎnr xián.

조금 짜네요.

太辣了。
Tài là le.

너무 매워요.

干杯!
Gānbēi!

건배!

请给我一杯凉水。
Qǐng gěi wǒ yì bēi liángshuǐ.

차가운 물 한 잔 주세요.

단어 체크

要 yào 필요로 하다
麻婆豆腐 mápódòufu 마파두부(음식)
咸 xián 짜다

辣 là 맵다
凉水 liángshuǐ 찬물

请再给一杯。
Qǐng zài gěi yì bēi.

한 잔 더 주세요.

请给我一瓶啤酒。
Qǐng gěi wǒ yì píng píjiǔ.

맥주 한 병 주세요.

请给我餐巾纸。
Qǐng gěi wǒ cānjīnzhǐ.

냅킨 좀 주세요.

请给我筷子。
Qǐng gěi wǒ kuàizi.

젓가락 좀 주세요.

请再给我一个杯子。
Qǐng zài gěi wǒ yí ge bēizi.

컵 하나만 더 주세요.

我要买单。
Wǒ yào mǎidān.

계산서 주세요.

你要打包吗?
Nǐ yào dǎbāo ma?

포장해 드릴까요?

请给我打包。
Qǐng gěi wǒ dǎbāo.

포장해 주세요.

在这儿吃。
Zài zhèr chī.

여기서 먹을게요.

这儿有无线网络吗?
Zhèr yǒu wúxiànwǎngluò ma?

여기 와이파이 되나요?

密码是什么?
Mìmǎ shì shénme?

비밀번호가 뭐예요?

 勺子 sháozi 숟가락　叉子 chāzi 포크　饭碗 fànwǎn 밥그릇　碟子 diézi 접시

단어 체크

瓶 píng (병을 세는 양사) 병	买单 mǎidān 계산서, 주문서
啤酒 píjiǔ 맥주	打包 dǎbāo 포장하다
餐巾纸 cānjīnzhǐ 냅킨	无线网络 wúxiànwǎngluò 와이파이
筷子 kuàizi 젓가락	密码 mìmǎ 비밀번호
杯子 bēizi 컵	

연습문제 1

한자를 따라 써 보고, 빈칸에 들어갈 병음이나 뜻을 채워 봅시다.

点　diǎn　1

卖　2　팔다

快　kuài　3

瓶　píng　4

预约　5　예약하다

取消　qǔxiāo　6

开门　7　문을 열다

关门　8　문을 닫다

菜单　càidān　9

凉水　10　찬물

筷子　kuàizi　11

杯子　12　컵

买单　mǎidān　13

打包　dǎbāo　14

---

1 주문하다　　2 mài　　3 빠르다

4 (병을 세는 양사) 병　5 yùyuē　6 취소하다

7 kāimén　　8 guānmén　9 메뉴, 식단

10 liángshuǐ　　11 젓가락　12 bēizi

13 계산서, 주문서　14 포장하다

연습문제 2

뜻을 보고 알맞은 문장과 병음을 써 봅시다.

1 예약하고 싶습니다.

문장
쓰기

병음
쓰기

2 6시에 예약 가능한가요?

3 7시에 예약 가능합니다.

4 몇 시에 문을 여나요?

---

1 我想预约。 Wǒ xiǎng yùyuē.

2 六点可以预约吗? Liù diǎn kěyǐ yùyuē ma?

3 七点可以预约。 Qī diǎn kěyǐ yùyuē.

4 几点开门? Jǐ diǎn kāimén?

5 메뉴판을 보여 주세요.

문장
쓰기

병음
쓰기

6 저기요, 주문할게요.

7 저는 이걸로 할게요.

8 더 필요한 것 있으세요?

---

5 请给看看菜单。 Qǐng gěi kànkan càidān.
6 服务员，我要点菜。 Fúwùyuán, wǒ yào diǎn cài.
7 我要这个。 Wǒ yào zhè ge.
8 您还要别的吗？ Nín hái yào biéde ma?

9 괜찮아요. 감사합니다.

문장
쓰기

병음
쓰기

10 무엇이 먹고 싶어요?

11 맛있어요.

12 조금 짜네요.

---

9 不要了，谢谢。 Bú yào le, xièxie.

10 你想吃什么？ Nǐ xiǎng chī shénme?

11 很好吃。 Hěn hǎochī.

12 有点儿咸。 Yǒudiǎnr xián.

13 차가운 물 한 잔 주세요.

문장
쓰기

병음
쓰기

14 맥주 한 병 주세요.

15 젓가락 좀 주세요.

16 컵 하나만 더 주세요.

---

13 请给我一杯凉水。 Qǐng gěi wǒ yì bēi liángshuǐ.

14 请给我一瓶啤酒。 Qǐng gěi wǒ yì píng píjiǔ.

15 请给我筷子。 Qǐng gěi wǒ kuàizi.

16 请再给我一个杯子。 Qǐng zài gěi wǒ yí ge bēizi.

17 계산서 주세요.

문장
쓰기

병음
쓰기

18 포장해 주세요.

19 여기 와이파이 되나요?

20 비밀번호가 뭐예요?

---

17 我要买单。 Wǒ yào mǎidān.

18 请给我打包。 Qǐng gěi wǒ dǎbāo.

19 这儿有无线网络吗? Zhèr yǒu wúxiànwǎngluò ma?

20 密码是什么? Mìmǎ shì shénme?

20강 地铁站怎么走?
지하철역은 어떻게 가나요?

길 묻기

请问一下。
Qǐng wèn yíxià.

좀 여쭤볼게요.

打扰一下。
Dǎrǎo yíxià.

실례합니다.

地铁站怎么走?
Dìtiězhàn zěnme zǒu?

지하철역은 어떻게 가나요?

银行在哪儿?
Yínháng zài nǎr?

은행은 어디 있나요?

这儿附近有韩国餐厅吗?
Zhèr fùjìn yǒu Hánguó cāntīng ma?

이 근처에 한국 음식점이 있나요?

离这儿近吗?
Lí zhèr jìn ma?

여기서 가까운가요?

在马路对面。
Zài mǎlù duìmiàn.

길 건너에 있습니다.

在邮局的后边。
Zài yóujú de hòubian.

우체국 뒤쪽에 있습니다.

 走着去需要多长时间?

Zǒuzhe qù xūyào duō cháng shíjiān? 걸어서 얼마나 걸리나요?

要二十分中左右。

Yào èr shí fēnzhōng zuǒyòu. 20분 정도 걸립니다.

我迷路了。

Wǒ mílù le. 길을 잃어버렸어요.

• **着** zhe ~하고 있다, ~한 채로 **迷路** mílù 길을 잃다

단어 체크

打扰 dǎrǎo 방해하다, 폐를 끼치다	**马路** mǎlù 길, 큰길
地铁站 dìtiězhàn 지하철역	**对面** duìmiàn 맞은편
走 zǒu 가다, 걷다	**邮局** yóujú 우체국
附近 fùjìn 근처	**后边** hòubian 뒤쪽
餐厅 cāntīng 식당	

연습문제 1

한자를 따라 써 보고, 빈칸에 들어갈 병음이나 뜻을 채워 봅시다.

走　zǒu
1 _____

打扰　dǎrǎo
2 _____

附近　3 _____
근처

餐厅　4 _____
식당

马路　mǎlù
5 _____

对面　6 _____
맞은편

邮局　yóujú
7 _____

后边　8 _____
뒤쪽

地铁站　9 _____
지하철역

---

1 가다, 걷다 　　 2 방해하다, 폐를 끼치다 　 3 fùjìn
4 cāntīng 　　　 5 길, 큰길 　　　　　　　 6 duìmiàn
7 우체국 　　　　 8 hòubian 　　　　　　　 9 dìtiězhàn

연습문제 2

뜻을 보고 알맞은 문장과 병음을 써 봅시다.

1 좀 여쭤볼게요.

문장
쓰기

병음
쓰기

2 지하철역은 어떻게 가나요?

3 이 근처에 한국 음식점이 있나요?

4 길 건너에 있습니다.

---

1 请问一下。 Qǐng wèn yíxià.

2 地铁站怎么走? Dìtiězhàn zěnme zǒu?

3 这儿附近有韩国餐厅吗? Zhèr fùjìn yǒu Hánguó cāntīng ma?

4 在马路对面。 Zài mǎlù duìmiàn.

21강 坐几路车?

몇 번 버스를 타야 하나요?

버스, 지하철 타기

去市场坐几路车?
Qù shìchǎng zuò jǐ lù chē?

시장에 가려면 몇 번 버스를 타야 하나요?

坐三十五路车。
Zuò sān shí wǔ lù chē.

35번 버스를 타세요.

到那儿还有几站?
Dào nàr hái yǒu jǐ zhàn?

거기까지 몇 정거장 남았나요?

还剩三个站。
Hái shèng sān ge zhàn.

세 정거장 남았어요.

去图书馆在哪里下车?
Qù túshūguǎn zài nǎli xià chē?

도서관에 가려면 어디서 내려야 하나요?

在十字路口站下车。
Zài shízìlùkǒu zhàn xià chē.

사거리 정거장에서 내리세요.

请给我两张到北京的车票。
Qǐng gěi wǒ liǎng zhāng dào Běijīng de chēpiào.

베이징 가는 차표 두 장 주세요.

车费多少钱?
Chēfèi duōshao qián?

요금이 얼마인가요?

坐地铁可以到机场吗?
Zuò dìtiě kěyǐ dào jīchǎng ma?

공항까지 지하철을 타고 갈 수 있나요?

在哪儿换车?
Zài nǎr huànchē?

어디서 갈아타야 하나요?

有地铁线路图吗?
Yǒu dìtiě xiànlùtú ma?

지하철 노선도 있나요?

단어 체크

路 lù 노선 (번호)

到 dào ~까지 가다

那儿 nàr 그곳, 거기

站 zhàn 정거장

剩 shèng 남다

下车 xià chē 차에서 내리다

十字路口 shízìlùkǒu 사거리

车票 chēpiào 차표

车费 chēfèi 차비, 요금

换车 huànchē 갈아타다

线路图 xiànlùtú 노선도

택시 타기

请给我叫一辆出租车。
Qǐng gěi wǒ jiào yí liàng chūzūchē.

택시를 불러 주세요.

请到这个地址。
Qǐng dào zhè ge dìzhǐ.

이 주소로 가 주세요.

请到上海饭店。
Qǐng dào Shànghǎi fàndiàn.

상하이 호텔로 가 주세요.

到饭店要多长时间?
Dào fàndiàn yào duō cháng shíjiān?

호텔까지 시간이 얼마나 걸리나요?

要十五分钟。
Yào shí wǔ fēnzhōng.

15분 정도 걸립니다.

请在这里停车。
Qǐng zài zhèli tíng chē.

여기서 세워 주세요.

请打开后备箱。
Qǐng dǎkāi hòubèixiāng.

트렁크를 열어 주세요.

请快点儿开吧。

Qǐng kuài diǎnr kāi ba.

좀 빨리 가 주세요.

坐地铁快还是打车快?

Zuò dìtiě kuài háishi dǎchē kuài?

전철 타는 게 빨라요,
아니면 택시 타는 게 빨라요?

---

*还是 háishi

'A还是B' 형태로 써서 'A와 B 둘 중 어느 것인지' 선택하는 의미의 문장이 됩니다.

地铁 dìtiě 지하철   公共汽车 gōnggòngqìchē 버스   火车 huǒchē 기차

船 chuán 배   师傅 shīfu (운전)기사님   司机 sījī 운전사

단어 체크

辆 liàng (차량을 세는 양사) 대	**停车** tíng chē 차를 세우다
出租车 chūzūchē 택시	**打开** dǎkāi 열다
地址 dìzhǐ 주소	**后备箱** hòubèixiāng 자동차 트렁크
上海 Shànghǎi 상하이	**还是** háishi 아니면
饭店 fàndiàn 호텔, 음식점	**打车** dǎchē 택시를 타다

연습문제 1

한자를 따라 써 보고, 빈칸에 들어갈 병음이나 뜻을 채워 봅시다.

路 lù
1

到 dào
2

站 3
정거장

剩 shèng
4

下车 xià chē
5

车费 6
차비, 요금

地址 7
주소

停车 8
차를 세우다

打开 dǎkāi
9

还是 háishi
10

线路图 xiànlùtú
11

出租车 12
택시

---

1 노선 (번호)　　2 ~까지 가다　　3 zhàn

4 남다　　5 차에서 내리다　　6 chēfèi

7 dìzhǐ　　8 tíng chē　　9 열다

10 아니면　　11 노선도　　12 chūzūchē

연습문제 2

뜻을 보고 알맞은 문장과 병음을 써 봅시다.

1 시장에 가려면 몇 번 버스를 타야 하나요?

문장
쓰기

병음
쓰기

2 35번 버스를 타세요.

3 거기까지 몇 정거장 남았나요?

4 도서관에 가려면 어디서 내려야 하나요?

---

1 去市场坐几路车? Qù shìchǎng zuò jǐ lù chē?

2 坐三十五路车。 Zuò sān shí wǔ lù chē.

3 到那儿还有几站? Dào nàr hái yǒu jǐ zhàn?

4 去图书馆在哪里下车? Qù túshūguǎn zài nǎli xià chē?

5 베이징 가는 차표 두 장 주세요.

문장
쓰기

병음
쓰기

6 요금이 얼마인가요?

7 어디서 갈아타야 하나요?

8 이 주소로 가 주세요.

---

5 请给我两张到北京的车票。 Qǐng gěi wǒ liǎng zhāng dào Běijīng de chēpiào.

6 车费多少钱? Chēfèi duōshao qián?

7 在哪儿换车? Zài nǎr huànchē?

8 请到这个地址。 Qǐng dào zhè ge dìzhǐ.

9 호텔까지 시간이 얼마나 걸리나요?

문장
쓰기

병음
쓰기

10 15분 정도 걸립니다.

11 여기서 세워 주세요.

12 좀 빨리 가 주세요.

---

9 到饭店要多长时间? Dào fàndiàn yào duō cháng shíjiān?

10 要十五分钟。 Yào shí wǔ fēnzhōng.

11 请在这里停车。 Qǐng zài zhèli tíng chē.

12 请快点儿开吧。 Qǐng kuài diǎnr kāi ba.

22강 我头疼
머리가 아파요

병원, 약국에서

哪儿不舒服? Nǎr bù shūfu?	어디가 불편하세요?
我头疼。 Wǒ tóu téng.	머리가 아파요.
我发烧。 Wǒ fāshāo.	열이 나요.
感冒了。 Gǎnmào le.	감기에 걸렸어요.
咳嗽得很厉害。 Késou de hěn lìhai.	기침이 심해요.
消化不好。 Xiāohuà bù hǎo.	소화가 안 돼요.
我拉肚子了。 Wǒ lā dùzi le.	설사를 해요.

我肚子疼。

Wǒ dùzi téng.　　　배가 아파요.

我嗓子疼。

Wǒ sǎngzi téng.　　목이 아파요.

脚腕疼。

Jiǎowàn téng.　　　발목이 아파요.

• 肚子 dùzi 배　嗓子 sǎngzi 목　脚腕 jiǎowàn 발목

---

*咳嗽得很厉害 késou de hěn lìhai

'A得B'는 'A하는 정도가 B하다'라는 뜻으로, '咳嗽得很厉害'는 '기침을 하
는(咳嗽) 정도가 매우 심하다(很厉害)'라는 의미입니다.

단어 체크

舒服 shūfu 편안하다	咳嗽 késou 기침하다
头 tóu 머리	厉害 lìhai 심각하다, 대단하다
疼 téng 아프다	消化 xiāohuà 소화하다
发烧 fāshāo 열이 나다	拉肚子 lā dùzi 설사하다

请给我头疼药。
Qǐng gěi wǒ tóuténg yào.

두통약 주세요.

有晕药吗?
Yǒu yùnyào ma?

멀미약 있나요?

这药一天吃几次?
Zhè yào yìtiān chī jǐ cì?

이 약은 하루에 몇 번 먹어요?

一天吃三次。
Yìtiān chī sān cì.

하루에 세 번 드세요.

一次吃几片?
Yí cì chī jǐ piàn?

한 번에 몇 알씩 먹나요?

一次吃两片。
Yí cì chī liǎng piàn.

한 번에 두 알씩 드세요.

단어 체크

药 yào 약	**次** cì (양사) 번, 차례
晕药 yùnyào 멀미약	**片** piàn (양사) 알, 조각

请给我消化药。

Qǐng gěi wǒ xiāohuà yào.　　소화제 주세요.

有止泻药吗?

Yǒu zhǐxièyào ma?　　지사제 있나요?

• 止泻药 zhǐxièyào 지사제

---

*一天吃三次

중국어에서 동작의 횟수를 나타낼 때에는 양사를 사용해서 '一次(한 번)', '两回(두 차례)' 등으로 나타냅니다. 이처럼 동작의 횟수를 나타내는 양사를 '동량사'라고 합니다.

〈자주 쓰는 동량사〉

· 次 cì　　동작의 횟수, 주로 반복해서 나타나는 것

· 回 huí　　동작의 횟수

· 遍 biàn　　(처음부터 끝까지) 1회

동량사는 보통 동사 뒤에 옵니다.

我看过一遍那本书。

Wǒ kànguo yí biàn nà běn shū.

나는 그 책을 한 번 본 적이 있다.

목적어가 대명사일 때에는 동량사가 맨 뒤에 놓입니다.

他们去过那儿两次。

Tāmen qùguo nàr liǎng cì.

그들은 거기에 두 번 가 봤다.

연습문제 1

한자를 따라 써 보고, 빈칸에 들어갈 병음이나 뜻을 채워 봅시다.

| 头 | 1 머리 | 疼 | 2 아프다 |

| 药 | 3 약 | 次 | 4 (양사) 번, 차례 |

| 片 | piàn 5 | 舒服 | 6 편안하다 |

| 发烧 | fāshāo 7 | 咳嗽 | késou 8 |

| 厉害 | lìhai 9 | 消化 | 10 소화하다 |

| 晕药 | yùnyào 11 |

| 拉肚子 | lā dùzi 12 |

---

1 tóu
2 téng
3 yào
4 cì
5 (양사) 알, 조각
6 shūfu
7 열이 나다
8 기침하다
9 심각하다, 대단하다
10 xiāohuà
11 멀미약
12 설사하다

연습문제 2

뜻을 보고 알맞은 문장과 병음을 써 봅시다.

1 어디가 불편하세요?

문장
쓰기

병음
쓰기

2 머리가 아파요.

3 감기에 걸렸어요.

4 두통약 주세요.

---

1 哪儿不舒服? Nǎr bù shūfu?

2 我头疼。Wǒ tóu téng.

3 感冒了。Gǎnmào le.

4 请给我头疼药。Qǐng gěi wǒ tóuténg yào.

23강 门票在哪儿买?
입장권은 어디에서 사나요?

관광지 대화

门票在哪儿买?
Ménpiào zài nǎr mǎi?

입장권은 어디에서 사나요?

在门口的售票处能买。
Zài ménkǒu de shòupiàochù néng mǎi.

입구에 있는 매표소에서 살 수 있습니다.

请给我两张成人票。
Qǐng gěi wǒ liǎng zhāng chéngrén piào.

성인 입장권 2장 주세요.

可以在这里照相吗?
Kěyǐ zài zhèli zhàoxiàng ma?

여기서 사진 찍어도 되나요?

你可以帮我照相吗?
Nǐ kěyǐ bāng wǒ zhàoxiàng ma?

사진 좀 찍어 주실 수 있나요?

不可以在这里拍照。
Bù kěyǐ zài zhèli pāizhào.

여기서 사진을 찍으면 안 됩니다.

可以进去吗?
Kěyǐ jìnqù ma?

들어가도 되나요?

这里不能进去。
Zhèli bù néng jìnqù.

여기는 들어가면 안 됩니다.

纪念品在哪儿买?
Jìniànpǐn zài nǎr mǎi?

기념품은 어디서 사나요?

不能在这儿吃东西。

Bù néng zài zhèr chī dōngxi. 이곳에서 음식을 먹으면 안 됩니다.

有用韩文介绍的小册子吗?

Yǒu yòng Hánwén jièshào de xiǎocèzi ma? 한국어 안내서가 있나요?

这儿附近有旅行咨询处吗?

Zhèr fùjìn yǒu lǚxíng zīxúnchù ma? 근처에 관광 안내소가 있나요?

* **韩文** Hánwén 한국어 **介绍** jièshào 소개하다, 안내하다

小册子 xiǎocèzi 소책자, 팸플릿 **咨询处** zīxúnchù 안내소

禁止触摸 jìnzhǐ chùmō 손대지 마시오 禁止出入 jìnzhǐ chūrù 출입 금지

禁止拍照 jìnzhǐ pāizhào 사진 촬영 금지 禁止吸烟 jìnzhǐ xīyān 흡연 금지

단어 체크

门票 ménpiào 입장권
门口 ménkǒu 입구
售票处 shòupiàochù 매표소
成人 chéngrén 성인
照相 zhàoxiàng 사진 찍다

帮 bāng 돕다
拍照 pāizhào 사진 찍다
进去 jìnqù 들어가다
纪念品 jìniànpǐn 기념품

연습문제 1

한자를 따라 써 보고, 빈칸에 들어갈 병음이나 뜻을 채워 봅시다.

帮　bāng
1

门票　2
입장권

门口　3
입구

成人　4
성인

照相　5
사진 찍다

拍照　6
사진 찍다

进去　7
들어가다

售票处　shòupiàochù
8

纪念品　jìniànpǐn
9

---

1 돕다 2 ménpiào 3 ménkǒu

4 chéngrén 5 zhàoxiàng 6 pāizhào

7 jìnqù 8 매표소 9 기념품

연습문제 2

뜻을 보고 알맞은 문장과 병음을 써 봅시다.

1 입장권은 어디에서 사나요?

문장
쓰기

병음
쓰기

2 성인 입장권 2장 주세요.

3 여기서 사진 찍어도 되나요?

4 들어가도 되나요?

---

1 门票在哪儿买？ Ménpiào zài nǎr mǎi?

2 请给我两张成人票。 Qǐng gěi wǒ liǎng zhāng chéngrén piào.

3 可以在这里照相吗？ Kěyǐ zài zhèli zhàoxiàng ma?

4 可以进去吗？ Kěyǐ jìnqù ma?

24강 喂, 金民英在吗?

여보세요, 김민영 씨 있나요?

전화 대화

喂, 金民英在吗?
Wéi, Jīn Mín Yīng zài ma?

여보세요, 김민영 씨 있나요?

请找金民英。
Qǐng zhǎo Jīn Mín Yīng.

김민영 씨 바꿔 주세요.

请稍等一下。
Qǐng shāo děng yíxià.

잠깐만 기다려 주세요.

金民英现在不在。
Jīn Mín Yīng xiànzài bú zài.

김민영 씨는 지금 자리에 없습니다.

他正在打电话。
Tā zhèngzài dǎ diànhuà.

그는 지금 통화 중입니다.

什么时候回来?
Shénmeshíhou huílái?

언제 돌아오시나요?

要留言吗?
Yào liúyán ma?

메모를 남겨 드릴까요?

以后再给他打电话。
Yǐhòu zài gěi tā dǎ diànhuà.

나중에 다시 전화하겠습니다.

五分钟后再给他打电话吧。
Wǔ fēnzhōng hòu zài gěi tā dǎ diànhuà ba.

5분 후에 다시 그에게 전화해 주세요.

电话号码是多少?
Diànhuà hàomǎ shì duōshao?

전화번호가 어떻게 되세요?

手机号码是多少?
Shǒujī hàomǎ shì duōshao?

핸드폰 번호가 어떻게 되세요?

我的电话号码是123-4567。
Wǒ de diànhuà hàomǎ shì
yāo èr sān sì wǔ liù qī.

제 전화번호는 123-4567입니다.

표현 플러스+

숫자 '1'의 다른 발음

숫자 1은 원래 'yī'로 발음하지만 전화번호, 방 번호, 버스 번호, 우편 번호 등
숫자를 정확하게 전달해야 할 때는 'yāo'로 발음합니다.

단어 체크

喂 wéi (전화에서) 여보세요
稍 shāo 조금, 잠시
什么时候 shénmeshíhou 언제

留言 liúyán 메모를 남기다
以后 yǐhòu 이후, 나중에

연습문제 1

한자를 따라 써 보고, 빈칸에 들어갈 병음이나 뜻을 채워 봅시다.

wéi
1

2
조금, 잠시

liúyán
3

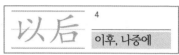

4
이후, 나중에

5
언제

1 (전화에서) 여보세요　2 shāo　3 메모를 남기다
4 yǐhòu　5 shénmeshíhou

연습문제 2

뜻을 보고 알맞은 문장과 병음을 써 봅시다.

1 여보세요, 김민영 씨 있나요?

문장
쓰기

병음
쓰기

2 잠깐만 기다려 주세요.

3 메모를 남겨 드릴까요?

4 전화번호가 어떻게 되세요?

---

1 喂，金民英在吗? Wéi, Jīn Mín Yīng zài ma?

2 请稍等一下。Qǐng shāo děng yíxià.

3 要留言吗? Yào liúyán ma?

4 电话号码是多少? Diànhuà hàomǎ shì duōshao?

25강 회화 편 복습

13강 你好

빈칸에 들어갈 단어를 알맞게 채워 봅시다.

한자	병음	뜻
1 大家		모두, 다들
2 周末		주말
3	xíng	~해도 좋다

원어민 음성을 듣고 빈칸을 채워 봅시다.

1 ⬛ ☐☐☐☐ 。
....

2 ⬛ ☐☐☐☐☐ 。
....

3 ⬛ ☐☐☐☐ 。
....

4 ⬛ ☐☐☐☐ 。
....

5 ⬛ ☐☐☐☐ 。
....

6 ⬛ ☐☐☐☐ 。
....

7 ⬛ ☐☐☐☐☐ 。
....

1 你好 2 大家好 3 晚安 4 再见 5 是的 6 不是 7 不可以

14강 谢谢

빈칸에 들어갈 단어를 알맞게 채워 봅시다.

한자	병음	뜻
1	jiéhūn	결혼하다
2 祝		축하하다, 기원하다
3 生日		생일
4 快乐		즐겁다, 행복하다
5 欢迎	huānyíng	
6	rènshi	(길, 사람 등을) 알다
7 初次		처음, 첫 번째
8 过	guò	

---

1 结婚 2 zhù 3 shēngrì 4 kuàilè 5 환영하다 6 认识 7 chūcì 8 지내다

원어민 음성을 듣고 빈칸을 채워 봅시다.

1　　　　　。

2　　　　　　。

3　　　　　　　　。

4　　　　　生日快乐。

5 认识你　　　　　　。

6　　　　不见。

7 最近　　　　怎么样?

---

1 谢谢　2 对不起　3 不好意思　4 祝你　5 很高兴　6 好久　7 过得

빈칸에 들어갈 단어를 알맞게 채워 봅시다.

한자	병음	뜻
1 叫	jiào	
2 上	shàng	
3 高中		고등학교
4 大学		대학교
5	niánjí	학년
6 哪		무엇, 어느
7	shēngyi	사업
8	yínháng	은행

1 (~라고) 부르다 2 가다 3 gāozhōng 4 dàxué 5 年级 6 nǎ 7 生意 8 银行

원어민 음성을 듣고 빈칸을 채워 봅시다.

1 你叫   名字?

2 今年   ?

3 我今年   了。

4 你是   人?

5 我家有   。

6 你做什么   ?

7 你   工作?

1什么 2多大 3三十岁 4哪国 5四口人 6工作 7在哪儿

빈칸에 들어갈 단어를 알맞게 채워 봅시다.

한자	병음	뜻
1 零	líng	
2 年		년(날짜)
3	xīngqī	요일, 주(날짜)
4	chà	부족하다, 차이가 나다
5 半		절반
6 一刻	yíkè	
7	wǎnshang	저녁, 밤
8 睡觉		자다

1 숫자 0 2 nián 3 星期 4 差 5 bàn 6 15분(시간) 7 晚上 8 shuìjiào

원어민 음성을 듣고 빈칸을 채워 봅시다.

1 今年 ⬜⬜⬜⬜⬜ 年。

2 今天 ⬜⬜⬜⬜⬜ 。

3 今天 ⬜⬜⬜⬜ ?

4 明天 ⬜⬜⬜ 。

5 现在 ⬜⬜⬜⬜⬜ 。

6 我 ⬜⬜⬜ 八点上班。

7 我大概 ⬜⬜⬜⬜ 睡觉。

---

1 二零一七 2 六月九号 3 星期几 4 周日 5 两点十分 6 早上 7 十一点

빈칸에 들어갈 단어를 알맞게 채워 봅시다.

한자	병음	뜻
1 阴		흐리다
2 下午		오후
3 沙尘暴	shāchénbào	
4 严重	yánzhòng	
5	tīngshuō	듣자 하니
6 太 ~ 了	tài ~ le	
7 小心	xiǎoxīn	
8	gǎnmào	감기

1 yīn 2 xiàwǔ 3 황사 4 심각하다 5 听说 6 매우 ~하다 7 조심하다 8 感冒

원어민 음성을 듣고 빈칸을 채워 봅시다.

1 今天天气 ＿＿＿＿＿＿ ？

----

2 今天天气 ＿＿＿＿ 。

----

3 下午会 ＿＿＿＿ 的。

----

4 沙尘暴 ＿＿＿＿＿＿ 。

----

5 听说明天 ＿＿＿＿＿＿ 冷。

----

6 最近天气 ＿＿＿＿＿＿ 。

----

7 最近 ＿＿＿＿ ， 小心感冒。

----

1 怎么样 2 很好 3 下雪 4 很严重 5 比今天 6 太热了 7 天气冷

233

빈칸에 들어갈 단어를 알맞게 채워 봅시다.

한자	병음	뜻
1	zhǐshì	그냥, 단지
2 颜色		색깔
3 多少		얼마
4	qián	돈
5 块		위안(화폐 단위)
6 换		바꾸다, 교환하다
7 用		쓰다, 사용하다
8	hǎoxiàng	마치 ~와 같다

1 只是 2 yánsè 3 duōshao 4 钱 5 kuài 6 huàn 7 yòng 8 好像

원어민 음성을 듣고 빈칸을 채워 봅시다.

1 您 ⬚⬚⬚ 什么?

------

2 只是 ⬚⬚⬚ 。

------

3 ⬚⬚⬚ 蓝色的。

------

4 这个包 ⬚⬚⬚⬚ ?

------

5 能 ⬚⬚⬚ 点儿吗?

------

6 ⬚⬚⬚ 多少钱?

------

7 你好像 ⬚⬚⬚⬚ 了。

------

1 在找 2 看看 3 还有 4 多少钱 5 便宜 6 一共 7 找错钱

빈칸에 들어갈 단어를 알맞게 채워 봅시다.

한자	병음	뜻
1 菜单	càidān	
2 服务员		종업원
3 点	diǎn	
4 要	yào	
5 啤酒		맥주
6 筷子	kuàizi	
7	mǎidān	계산서, 주문서
8	dǎbāo	포장하다

1 메뉴, 식단 2 fúwùyuán 3 주문하다 4 필요로 하다 5 píjiǔ 6 젓가락 7 买单 8 打包

원어민 음성을 듣고 빈칸을 채워 봅시다.

1 服务员，我要 ＿＿＿。

2 ＿＿＿ 北京烤鸭和一个红烧肉。

3 您 ＿＿＿ 别的吗?

4 我 ＿＿＿ 麻婆豆腐。

5 ＿＿＿ 餐巾纸。

6 ＿＿＿ 买单。

7 你要 ＿＿＿ ?

1 点菜 2 来一个 3 还要 4 想吃 5 请给我 6 我要 7 打包吗

20강 地铁站怎么走?

빈칸에 들어갈 단어를 알맞게 채워 봅시다.

한자	병음	뜻
1	dìtiězhàn	지하철역
2	zǒu	가다, 걷다
3 附近	fùjìn	
4 餐厅		식당
5 马路		길, 큰길
6	duìmiàn	맞은편
7 邮局		우체국
8 后边	hòubian	

1 地铁站 2 走 3 근처 4 cāntīng 5 mǎlù 6 对面 7 yóujú 8 뒤쪽

원어민 음성을 듣고 빈칸을 채워 봅시다.

1 ⬜⬜⬜ 一下。

....

2 地铁站 ⬜⬜⬜ ?

....

3 银行 ⬜⬜⬜ ?

....

4 ⬜⬜⬜ 有韩国餐厅吗?

....

5 ⬜⬜⬜ 近吗?

....

6 在 ⬜⬜ 对面。

....

7 在邮局的 ⬜⬜⬜ 。

....

---

1 请问　2 怎么走　3 在哪儿　4 这儿附近　5 离这儿　6 马路　7 后边

21강 坐几路车?

빈칸에 들어갈 단어를 알맞게 채워 봅시다.

한자	병음	뜻
1 到	dào	
2 站		정거장
3	xià chē	차에서 내리다
4 出租车	chūzūchē	
5 地址		주소
6	dǎkāi	열다
7 还是	háishi	
8	dǎchē	택시를 타다

1 ~까지 가다 2 zhàn 3 下车 4 택시 5 dìzhǐ 6 打开 7 아니면 8 打车

원어민 음성을 듣고 빈칸을 채워 봅시다.

1 去市场坐 [____] ?

2 去图书馆 [____] 下车?

3 请给我两张 [____] 的车票。

4 坐地铁可以 [____] 吗?

5 [____] 上海饭店。

6 到饭店要 [____] ?

7 请 [____] 开吧。

---

1 几路车 2 在哪里 3 到北京 4 到机场 5 请到 6 多长时间 7 快点儿

22강 我头疼

빈칸에 들어갈 단어를 알맞게 채워 봅시다.

한자	병음	뜻
1	shūfu	편안하다
2 头		머리
3	téng	아프다
4 发烧	fāshāo	
5 厉害	lìhai	
6 拉肚子		설사하다
7	yào	약
8	cì	(양사) 번, 차례

1 舒服 2 tóu 3 疼 4 열이 나다 5 심각하다, 대단하다 6 lā dùzi 7 药 8 次

원어민 음성을 듣고 빈칸을 채워 봅시다.

1 我 　　　　。

2 　　　　　　。

3 咳嗽得 　　　　　。

4 消化 　　　　。

5 请给我 　　　　　。

6 这药一天吃 　　　 ?

7 　　　 吃两片。

---

1 头疼　2 感冒了　3 很厉害　4 不好　5 头疼药　6 几次　7 一次

빈칸에 들어갈 단어를 알맞게 채워 봅시다.

한자	병음	뜻
1 门票		입장권
2 门口	ménkǒu	
3 售票处	shòupiàochù	
4	chéngrén	성인
5 照相		사진 찍다
6	bāng	돕다
7 拍照		사진 찍다
8	jìnqù	들어가다

---

1 ménpiào 2 입구 3 매표소 4 成人 5 zhàoxiàng 6 帮 7 pāizhào 8 进去

원어민 음성을 듣고 빈칸을 채워 봅시다.

1 门票 [   ]？

2 在门口的售票处 [   ]。

3 请给我 [   ] 成人票。

4 [   ] 在这里照相吗?

5 你可以 [   ] 照相吗?

6 不可以 [   ] 拍照。

7 这里 [   ] 进去。

1 在哪儿买 2 能买 3 两张 4 可以 5 帮我 6 在这里 7 不能

24강 喂, 金民英在吗?　　빈칸에 들어갈 단어를 알맞게 채워 봅시다.

한자	병음	뜻
1 喂		(전화에서) 여보세요
2 稍	shāo	
3	shénmeshíhou	언제
4 留言	liúyán	
5 以后		이후, 나중에

1 wéi 2 조금, 잠시 3 什么时候 4 메모를 남기다 5 yǐhòu

원어민 음성을 듣고 빈칸을 채워 봅시다.

1 喂，金民英 ＿＿＿＿＿ ？

2 ＿＿＿＿＿ 金民英。

3 请 ＿＿＿＿＿ 一下。

4 什么时候 ＿＿＿＿＿ ？

5 以后再 ＿＿＿＿＿ 打电话。

6 ＿＿＿＿＿ 再给他打电话吧。

7 手机号码 ＿＿＿＿＿ ？

1 在吗　2 请找　3 稍等　4 回来　5 给他　6 五分钟后　7 是多少